꿈꾸는 한국사 1

질문의 크기가 꿈의 크기를 결정합니다

꿈꾸는 한국사 ①

인간은 왜 집단을 이루고 나라를 세우나요?

심용환 지음

선사시대에서
고려 시대까지

멀리깊이

들어가며

역사는
꿈꾸고 질문하는
어린이들의 것입니다

안녕하세요, 심용환 선생님입니다. 저는 역사학자이고 작가입니다. 또한 초등학생인 두 아이의 아빠이기도 합니다. 제가 평생 연구한 의미 있는 역사 이야기를 어린이 친구들이 알기 쉽도록 책으로 선물하게 되어 정말 기쁩니다. 무엇보다 저의 두 아이와 꼭 나누고 싶은 이야기들을 전하려 노력했습니다.

　우리 책의 제목이 왜 《꿈꾸는 한국사》일까요. 우리나라에서는 역사의 중요성을 강조합니다. 드라마나 영화의 소재로 자주 쓰이는 것은 물론, 역사 문제에 대한 해석이 달라 격렬하게 논쟁을 벌이기도 해요. 그런데 가만히 따져 보면 이렇게 중요한 역사를 공부하면서 그 방법은 암기에만 치중하고 있어요. 시험에서 좋은 성적을 받기 위해 인물과 사건, 연도를 달달 외는 것으로 역사 공부를 대신하는 것이지요. 마치 암기를 잘해 아는 척을 더 잘 할 수 있게 되기를 바라며 역사를 공부하는 느낌이에요.

《꿈꾸는 한국사》는 "역사 공부는 그런 것이 아닙니다!"라고 말하는 책입니다. 우리는 하루하루를 살아가는 존재들이에요. 사랑을 받고, 꿈을 꾸고, 희망을 가지는 존재들이고, 때로는 속상해하고 가슴 아픈 일들에 눈물을 흘리는 존재들입니다. 그렇게 '우리'라는 존재가 모여서 이야기를 만들고 어우러지는 것이 역사랍니다. 우리는 왜 살아갈까요? 그 모든 이유를 알 수는 없지만, 한 가지 분명한 사실은 멋진 미래를 기대하면서 보다 즐겁고 가치 있게, 의미 있게 살려고 노력하는 것만은 분명해요.

역사는 과거의 이야기잖아요? 과거의 이야기를 공부해야 하는 이유는 우리의 오늘과 미래를 위해서라고 생각해요. 우리의 꿈과 희망에 보다 강력한 힘을 주는 것, 우리의 즐겁고 재미있는 내일을 기대할 수 있도록 커다란 기쁨을 주는 것. 그것이 역사 공부의 목적이라고 생각해요. 우리는 모두 언젠가 어른이 되고, 부모님과 선생님처럼 우리의 인생을 만들어 가야만 하거든요. 또한 대한민국이라는 역사, 지구라는 세계 역사의 구성원이 되어야 하고요.

《꿈꾸는 한국사》는 말 그대로 우리의 역사를 담은 책이지만 중국, 일본을 비롯한 동아시아의 역사 이야기도 많이 담았어요. 지리적으로 가깝기 때문에 서로 많은 영향을 주고받으며 살아 왔거든요. 한국사를 공부하면서 동시에 '세계사로서의 한국사'도 이해해 보고자 한 것이지요. 최대한 딱딱하지 않게, 우리의 입장에서, 부모님과 함께 대화하며 공부할 수 있도록 만들어 보았답니다. 부모님이 먼저 읽어 보셔도 좋아요! 아이와 함께 역사를 공부하는 데 무궁무진하게 활용하셨으면 하는 바람입니다.

사랑하는 아내, 가을이와 노을이, 내 인생을 모두 바치고 싶은 우리 가족, 그리고 그 가족을 밝게 비추는 믿음의 빛 안에서

2022년 4월 심용환

등장인물 소개

심용환 선생님을 따라 떠나는 유쾌한 한국사 여행!

우리가 살고 있는 곳의 역사를 알게 되면, 오늘의 문제를 해결할 지혜와 미래를 멋지게 펼쳐나갈 방법을 얻을 수 있어요! 질문하는 여러분과 함께라면 한국사 여행도 정말 흥미진진할 거예요!

심용환 선생님

한국사라면 나에게 맡겨요! 친구들의 끝없는 질문에 한없이 친절하게 대답해 주는 믿음직스러운 한국사 가이드. "여러분, 함께 떠날 준비가 됐나요?"

멀리

한국이의 속 깊은 친구. 질문 많은 한국이의 이야기를 주의 깊게 들어주는 친구랍니다! 평소엔 작고 귀여운 동물이지만, 필요한 때엔 언제든 멋진 비행선으로 변할 수 있어요!

한국이

역사를 정말 좋아하는 초등학생. 만화책에서 본 한국사 말고, 진짜 흥미진진한 역사 이야기를 듣고 싶어 심용환 선생님과 함께 역사 여행을 떠나게 되었어요! 질문이 정말, 정말 많아요!

차례

들어가며 역사는 꿈꾸고 질문하는 어린이들의 것입니다 * 004
등장인물 소개 심용환 선생님을 따라 떠나는 유쾌한 한국사 여행! * 007

제1장
선사시대에서 강력한 왕권국가로 발전했어요

| 선사 시대와 도구의 발견 |
약하디약한 인간은 어떻게 맹수들 사이에서 살아남았을까요? * 014

| 신석기 시대와 농업혁명 |
왜 우리는 새나 물고기처럼 떠돌아다니며 살지 않지요? * 023

| 청동기 시대 |
인간은 왜 서로 싸우며 전쟁을 벌일까요? * 034

| 철기 시대와 중국 문명 |
나라가 강해지는 게 나랑 무슨 상관이 있어요? * 044

| 단군과 고조선 |
과거의 역사를 어떻게 정확하게 알 수 있지요? * 053

| 신화이야기 |
정말로 사람이 알에서 태어났을까요? * 060

| 연맹왕국 시대와 다양한 법과 질서 |
과거의 악법을 어떻게 바라봐야 할까요? * 068

| 풍납토성과 몽촌토성 |
역사학자의 발견과 고고학자의 발견은 어떻게 달라요? * 078

| 고단하고 복잡했던 신라와 가야의 건국 이야기 |
전쟁에선 누가 이겨요? * 086

| 연맹왕국에서 삼국 시대로 |
왕의 권력이 강해지면 어떤 일이 일어나나요? * 095

제2장

삼국이 경쟁하며 국가를 발전시켰어요

| 불타는 경쟁의 시대, 광개토대왕 vs 진흥왕 |
  인간은 왜 경쟁을 할까요? * 106

| 고구려의 위대한 항쟁과 멸망 |
  광개토 대왕릉비는 왜 중국에 있어요? * 115

| 무령왕과 성왕, 백제 중흥의 역사 |
  결국 졌다면 무의미한 것일까요? * 128

| 거북이 신라의 삼국통일 |
  열악한 조건의 신라는 어떻게 삼국을 통일할 수 있었나요? * 139

| 사랑과 진리를 찾아 떠난 강수와 원효 그리고 혜초 |
  과거에는 오직 전쟁과 승리를 위해서만 살았던 건가요? * 148

| 진리를 찾아 떠난 혜초와 불국사 그리고 석굴암 |
  왜 사람이 사는 것도 아닌데 절을 지어요? * 156

| 발해의 탄생 |
  발해가 고구려를 계승했다는 것을 어떻게 알 수 있지요? * 167

| 통일신라라는 꽃이 시들다 |
  크고 화려했던 나라들이 사라지는 이유는 뭐예요? * 176

제3장

진정한 의미의 한민족, 고려가 탄생했어요

| 궁예와 견훤 그리고 왕건의 리더십 |
싸우지 않고 전쟁에서 이기는 방법은 없나요? * 188

| 고려의 탄생과 급변하는 동아시아 국제 질서 |
나라를 운영하는 데는 어떤 제도가 필요해요? * 196

| 고려의 다자외교 |
왜 다른 나라들과 친하게 지내야 해요? * 204

| 무신정변 |
군인이 강한 힘으로 나라를 다스리면 좋은 것 아닌가요? * 213

| 거듭된 침략 속 혼란한 고려 |
나라가 백성을 보호하지 않으면 어떻게 돼요? * 222

| 호기심과 경쟁심이 발전시킨 세상 |
우리처럼 작은 나라가 최고의 기술력을 자랑하는 이유는 뭐예요? * 231

| 고려의 마지막 불꽃, 공민왕 |
개혁은 왜 성공하기가 어려운 거예요? * 239

제1장

선사시대에서 강력한 왕권국가로 발전했어요

70만 년 전
구석기 시대
한반도에 돌로 도구를 만드는 인류가 나타났어요.

1만 년 전
신석기 시대
한곳에 정착해 마을을 이뤄 살았어요.

기원전 800년경
청동기 시대
한반도에서 청동기를 사용했어요.

기원전 700년
고조선
고조선이 기록에 처음으로 등장해요.

기원전 57년
신라 건국
박혁거세가 나라를 세웠어요.

기원전 37년
고구려 건국
주몽이 나라를 세웠어요.

기원전 18년
백제 건국
주몽의 아들 온조가 나라를 세웠어요.

선사시대와 도구의 발견

약하디약한 인간은 어떻게 맹수들 사이에서 살아남았을까요?

: 우리를 둘러싼 모든 것이 역사가 돼요 :

우리는 모두 그냥 어느 때에 태어나요. 자신이 어떻게 태어났는지를 기억하는 사람은 아무도 없어요. 단지 엄마, 아빠를 통해 아기였을 때 내가 얼마나 사랑스러웠는지를 들을 수 있을 뿐이에요. 원하는 때, 원하는 장소, 원하는 성별, 원하는 외모, 원하는 능력을 가지고 태어날 수는 없어요. 어찌 보면 '나'라는 존재의 모든 것은 그저 주어진 것, 던져진 것, 하늘에서 뚝 떨어진 것들뿐이죠. 그것이 신의 섭리이건, 우주의 질서이건, 진화의 과정이건 우리는 모두 주어지듯 세상에 태어나서 삶을 살아가게 된답니다.

한번 기억을 더듬어 봐요. 어떤 기억이 떠오르나요? 처음 친구를 사귀었던 날, 사고를 쳐서 엄마한테 혼났던 날, 친구가 이사를 가서 속상했던 날, 곤란한 일이 있었는데 부모님이 해결해 주셨던 날……. 기분 좋음, 속상함, 아쉬움, 당혹스러움, '휴, 다행이다!' 싶은 안도감 등 우리의 첫 기억 속에는 부모님과 친구들이 등장하고, 다양한 사건과 그로 인해 생긴 감정의 조각들이 남아 있을 거예요.

그리고 지금 나를 둘러싼 환경과 감정들을 돌아보세요. 학교, 친구들, 부모님, 학업과 취미, 원하는 일을 성취해서 기분이 좋거나 그렇지 못해서 속상한 마음, 되고 싶은 꿈, 성적과 대학교, '군대에도 가야 하는 거야?!' 싶은 두려움, 어른들이 만든 울타리 안의 우리들, 우리 동네와 우리나라, 대통령과 연예인, 대화가 되지 않거나 답답한 사람들, 보기 싫은 것들과 나의 흥미를 당기는 모든 것들! 이 모든 환경과 감정들이 우리의 일상에 녹아 있고, 우리는 이것들을 소중하게 또는 전혀 대수롭지 않게 여기면서 살고 있죠.

나 자신, 내 주변에 있는 사람들, 나와 사람들이 살고 있는 장소와 사물, 이 모든 사건들은 같은 '공간'에서 벌어지는 일인 동시에 '시간'이 흘러가면서 이루어지는 일이기도 해요. 그래요. 사람들은 시간과 공간 가운데서 살아가고 있어요. 그냥 살아가는 것이 아니라 여러 이야기를 만들고, 함께 기뻐하고 함께 분노하고, 과거를 회상하고 미래를 꿈꾸며 '삶'이라는 것을 만들어 가고 있어요. 시간과 공간 사이에서 삶이라는 집을 짓는 과정. 그것이 각자에게는 인생이겠지만 전체를 모아 보면 인류의 역사가 되는 거랍니다. 사람이란 무릇 역사를 만들어 가는 존재인 것이지요.

: 도구를 사용하기 시작한 인간 :

인간의 처음 시작은 어땠을까요? 높은 산과 넓은 강이 있고 울창한 숲과 넓디넓은 바다가 있었을 거예요. 그리고 이 모든 곳에 들짐승과 물고기, 곤충과 맹수가 가득 차 있었어요. 계절에 따라 비와 눈이 오고, 너무나 덥고 너무나 추운 그곳에 아무것도 가진 것이 없는 벌거벗은 존재들, '사람'이라 불리는 우리가 있었어요. 들짐승처럼 두꺼운 가죽도 없고 강한 이빨은커녕 네발로 날래게 움직이지도 못하는 약하디약한 존재이지만 지능이 높아 머리를 쓸 줄 알고 여타의 동물들과는 다르게 돌과 나무 그리고 불을 활용하는 특별한 존재들이었죠.

이들 사람에겐 도구가 필요했어요. 사람의 피부는 연약하기 짝이 없고 날카로운 손발톱도 없으니까요. 최초의 발명은 돌멩이를 부수어 석기로 만드는 일이었죠. 아마도 처음에는 괜찮아 보이는 돌덩이를 주워서 사용했을 거예요. 손으로 쥐기에 적당하고, 꽤 날카로워서 단단한 껍질을 부수거나 동물을 잡는 데 편리한 돌덩이. 하지만 맘에 드는 돌멩이를 발견하기란 쉽지 않았지요. 얼마 후 우연한 발견이 있었을 거예요. 모서리가 날카롭기 때문에 무언가를 자르기에 편리한 깨진 돌덩이를 발견하고, 날카로움이 주는 유용함을 깨닫게 되는 중요한 순간이 있었겠지요? 그리고 드디어 발명! 돌끼리 부딪치는 방법을 통해 일부러 날카로운 면을 가진 돌도끼를 만들어 냈을 거예요. 날카로운 양날을 가진 주먹도끼부터 화살촉이나 창촉 같은 보다 작고 정교한 석기의 발명까지 다양한 기술

- 구석기 시대 전기에는 찍개나 주먹도끼 같은 큰 석기가 만들어졌지만 이후 크기가 점점 작아지고 쓰임새도 다양한 석기들이 만들어졌어요.

혁신이 이루어집니다. 좋은 도구를 만들수록 보다 편리하게 생활할 수 있었어요. 주먹도끼로 가죽을 벗긴 후 적당한 형태로 고기를 썰 수 있고 멀리서 돌화살을 쏘아서 덩치가 큰 사냥감을 잡을 수도 있으니까요. 동물의 뼈 또한 훌륭한 도구였어요. 동물의 단단한 턱뼈는 돌도끼보다 가볍지만 돌도끼만큼 단단했어요. 생선의 가시는 머리카락 같이 엉클어진 것들을 풀고 정렬하는 데 편리했고요.

도구의 발전에도 불구하고 처음부터 집을 지을 수는 없었어요. 집을 지을 생각조차 못했죠. 먹을 것을 찾아 돌아다녀야 했고, 계절에 따라 더위와 추위를 피해야 했어요. 그러니 동굴에서 살거나 나뭇가지나 엉겅퀴, 나뭇잎 등을 모아 대강 막집을 만드는 수준이었죠. 동굴이나 막집에서 며칠, 몇 달을 살고 또 다른 곳으로 이동해

구석기 시대의 생활 모습

돌도끼를 이용해 사냥해요

불을 사용해요

몸돌과 격지 몸돌을 깨트릴 때 생긴 격지를 다양하게 사용해요

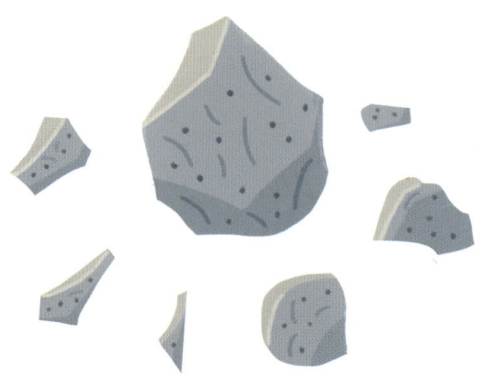

모루떼기

두 손으로 돌을 쥐고 모룻돌(큰 돌)에 부딪쳐서 격지를 떼어내요.

추상적인 그림을 그려요

동굴이나 막집에서 살아요

돌을 쪼개서 사용해요

직접떼기	간접떼기	눌러떼기
		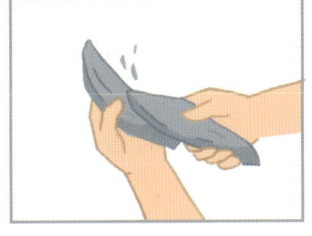
한 손으로 망치처럼 돌을 쥐고 필요한 돌을 내리쳐서 모양을 만들어요.	단단한 뿔이나 뼈를 쐐기처럼 박아서 격지를 떼어내요.	작고 날카로운 도구로 힘껏 밀어 격지를 떼어내요.

야 했습니다. 사실 집을 짓고 산다는 것은 당시로선 엄청난 모험이었어요. 집을 지으려면 건축에 대한 이해가 있어야 합니다. 땅을 파고, **주춧돌**을 놓고, 기둥을 세우고, 벽을 채운 후, 지붕을 만들어야 해요. 땅을 파려면 단단한 도구부터 만들어야겠죠. 주춧돌을 놓으려면 적당한 돌을 구해서 옮겨와야만 합니다. 기둥을 세우려면 나무를 비슷한 크기로 잘라야 하고요. 지붕? 지붕은 좀 더 특별해야 해요. 비바람을 단단히 막아 줘야 하니까요.

> **주춧돌**
> 건물을 짓기 전에 기둥 밑에 기초로 받쳐 놓은 돌이에요.

사실 집이 필요하지도 않았죠. 집을 짓는다는 것은 정착 생활, 한곳에서 계속 살아간다는 것을 의미해요. 하지만 아직은 농사를 짓거나 동물을 길들이는 법도 모를 때였거든요. 열매를 따 먹거나, 물고기를 잡거나, 동물을 사냥하는 정도였죠. 자연이 기른 것들을 소비할 뿐 무엇인가를 생산할 수 없었던 것이지요. 따라서 한곳에 머무를 수 없고 계속 여러 곳을 이동하면서 살아갈 수밖에 없었답니다.

: 풍요와 번성을 기원하며 남긴 동굴 벽화 :

사람은 먹고사는 것만으로 만족할 수 있는 존재가 아니랍니다. 상상하고 미래를 꿈꾸고 자신이 생각한 것을 표현합니다. 물감을 만들어서 동굴 벽면이나 넓다란 바위에 그림을 그리기도 했어요. 눈에 보이는 들짐승 무리를 묘사했고, 맹수를 사냥하다 다친 동료의 모습을 표현하기도 했죠. 동심원이나 이해할 수 없는 무늬를 남기

알타미라 동굴벽화

스페인 북부 산탄데르 지방에서 발견된 구석기 시대의 벽화예요.

기도 했어요. 종교적이며 예술적인 생각도 했고 추상적인 사고도 했죠. 깊숙한 동굴에 들어갔다는 것은 신성한 장소를 찾았다는 것이고 동물 그림이 많은 것은 풍요와 번성을 기원했다고 볼 수 있답니다. 다치거나 죽는 모습을 묘사했다는 것은 두려움이나 공포심을 드러냈다고 할 수 있죠. 눈에 보이는 정경을 탁월하게 묘사하면서 예술성을 뽐내기도 했고 도형이나 무늬를 그리면서 추상적인 생각을 드러내기도 했습니다. 최초의 사람들은 오늘 우리들과 거의 똑같은 정신세계를 가졌던 것 같아요. 행복해하고, 두려워하고, 간절히 염원하는 대단히 지적이고 특별한 존재들이었던 것이지요.

　인류가 언제부터 지구에 등장했는지는 여전히 연구 중이고 놀랍도록 오랜 시절부터 존재했다는 사실이 밝혀지고 있습니다. 종이도 없었고 글자도 없었기 때문에 최초의 사람들에 관한 기록은 찾아볼 수 없어요. 이 시기를 '선사시대'라고 합니다. '역사 이전의 시대'라는 말인데 기록이 없기 때문에 남겨진 유물과 유적을 통해 당시의 생활상을 추적하며 복원하고 있죠. 선사시대는 보통 구석기 시대와 신석기 시대로 구분해요. 앞에서 이야기한 모습이 구석기 시대입니다. 보통 구석기 시대는 70만 년 전부터 1만 년 전까지로 봐요. 인류사의 거의 대부분이었던 셈입니다. 오늘날 현대인의 생활 방식은 18세기 후반 영국의 산업혁명에서 시작됐다고 봐요. 공장에서 제품을 생산하고, 시장을 통해 물건을 구매하며 도시에서 대부분의 사람들이 살아가는 생활 방식인데 200년이 조금 넘었습니다. 장구한 인류의 역사를 생각한다면 어쩌면 우리가 예외적인 존재들인지도 몰라요.

> **장구하다**
> 매우 길고 오래됨을 뜻해요.

신석기 시대와 농업혁명

왜 우리는 새나 물고기처럼 떠돌아다니며 살지 않지요?

: 인간은 일을 하며 공동체를 이뤄요 :

우리 친구들은 하루를 어떻게 보내고 있나요? 더 자고 싶은데 부모님이 깨워서 어쩔 수 없이 일어나고 부랴부랴 식사를 한 후 등교하겠죠? 학교에 가면 친구들을 만나 선생님과 함께 다양한 것들을 배웁니다. 코로나바이러스 때문에 온라인 수업을 받을 수도 있고 방학이기 때문에 학교에 가지 않을 수도 있죠. 혹은 대안학교에 다니거나 홈스쿨링을 할 수도 있고 체험학습 보고서를 낸다면 학기 중에도 부모님과 여행을 갈 수도 있어요. 엄마나 아빠한테 물어보세요. "예전과는 정말 많이 달라졌구나." 말씀하실 거예요. 아프고 피곤해도 토요일까지 학교에 가던 시절이 있었거든요. 초중고 12년

동안 개근상을 타는 것이 우등상을 받는 것만큼 인정받던 시절이 있었답니다.

우리가 이렇게 하루를 보내는 동안 부모님은 무엇을 하고 계실까요? 각자 자신의 일터에서 열심히 일하실 거예요. 회사에 다닐 수도 있고, 공무원으로 일할 수도 있고 프리랜서일 수도 있고 재택 근무를 할 수도 있겠죠. 부모님 중 한 분은 전업으로 가사 노동을 할 수도 있겠고요. 중요한 사실은 우리가 학교에서 배움의 시간을 보내고 있을 때 부모님들은 각자의 직업을 갖고 노동하고 있다는 거예요. 왜 노동을 할까요? 돈을 벌어야 하니까요. 번 돈으로 마트에 가거나 핸드폰으로 먹을 것을 비롯하여 필요한 물품들을 주문하겠죠. 그렇다고 돈 버는 것만이 목표는 아닐 거예요. 부모님도 한때 학생이었고 '커서 무슨 일을 할까?', '어떤 사람이 될까?'에 대해 진지하게 고민하셨을 거고요. 여러 가지 시행착오를 경험하면서 실패와 성공을 반복했겠죠. 그러한 노력의 결과가 직업과 노동이라는 이름으로 오늘의 부모님을 만든 거랍니다.

이렇게 생각해 보니 우리는 꽤 비슷한 생활을 해 나가는 거 같아요. 각자 개성도 있고 차이도 있지만 같은 사회에서 같은 시대를 살아가기 때문에 같은 경험을 하는 겁니다. 그래요. 사람은 가족, 사회, 국가 같은 집단을 이루고 생활 방식을 공유하면서 살아가요. 사람이란 공동체를 이루는 존재입니다.

: 신석기 시대의 움집과 씨앗의 발견 :

사람이 공동체를 이루고 살아가려면 무엇이 필요할까요? 우선 적당한 땅이 있어야겠죠. 근처에 물이 흐르는 땅이요. 식수를 구해야 하잖아요. 강에는 물고기도 있으니까 식량을 얻을 수도 있어요. 물고기를 잡기 위해서는 그물을 만들어야겠죠? 신석기 시대가 되면 기술력이 많이 발전해요. 생선 가시나 동물의 가는 뼈를 바늘로 삼고 질긴 풀이나 동물의 가죽을 활용하여 옷감이나 그물을 만들었답니다.

살 곳을 정했다면 집을 지어야겠죠? 우선 땅을 1~2m씩 파요. 차가운 바람을 피할 수 있고 온기를 보존하는 데도 유리하거든요. 그리고 중앙에는 불을 피울 수 있는 화덕을 만들었어요. 음식을 해 먹거나 체온을 유지하기 위해서 가장 중요한 것이 불을 피우고 관리하는 것이니까요. 마지막으로 나무나 질긴 풀을 모아와서 벽과 지붕을 만들면 완성! 이러한 집을 움집이라고 해요. 아직은 건축술이 발전하지 않았기 때문에 반듯한 사각형 모양도 아니고, 축축하고 눅눅한 반지하식에 엉성한 모양이긴 해요. 하지만 동굴이나 막집에서 살던 구석기 시대에 비한다면 엄청난 변화라고 할 수 있어요. 특정한 곳에 우리 가족만의 거주 공간이 생기는 거니까요.

그런데 가장 중요한 문제가 있어요. 먹을 게 충분해야 해요. 구석기 시대 때 이동 생활을 할 수밖에 없었던 것은 먹는 문제 때문이었거든요. 당장 눈앞에 먹을 것이 많은 것만으로는 부족했어요. 지속적으로 꾸준히 공급되어야 하니까요. 더구나 가족 단위로 몇 명

이 함께 사는 것이 아니라 **씨족과 부족**처럼 수십 명의 사람들이 함께 살아가려면 그만큼 먹거리가 더욱 많이 필요하겠죠. 이동 생활에서 벗어나 정착 생활을 하려면 이 문제가 반드시 해결되어야 한답니다.

> **씨족과 부족**
> 씨족은 똑같은 조상을 가진 혈연 공동체를, 부족은 혈연관계는 분명하지 않지만 일가처럼 지내는 공동체를 뜻해요.

해답은 농업이었어요. 드디어 사람들이 농사를 짓기 시작한 거예요. 엄청난 변화였지요. 여태까지는 사냥과 채집을 했다면 이제 농사와 목축을 통해 사람들이 직접 먹을거리를 만들어내기 시작한 거예요. 오랜 기간 인류는 동물이나 물고기를 사냥하거나 자생적으로 자라난 열매를 따먹었잖아요. 그런데 누군가가 놀라운 관찰력으로 자연의 이치를 발견한 거예요. '식물이 자라면서 열매를 맺는데 그 열매 안에는 씨앗이 있다! 이 씨앗이 땅에 떨어지면 또 다른 식물로 자라게 되고 그렇게 자라난 식물은 새로운 열매를 맺게 된다!' 자연이 순환하는 원리를 알게 된 것이지요. 그리고 또 다른 누군가가 대범한 시도를 해 봅니다. 씨앗을 받아서 직접 땅에 심어 본 거예요. 원하는 열매를 얻기 위해 원하는 씨앗을 구해서 원하는 땅에다 직접 작물을 재배한 것이지요. 이 순간이 정말 중요해요. 안다는 것과 행동한다는 것은 다르니까요. 결과는 성공!

비슷한 시기에 동물을 길들이는 데도 성공해요. 개는 사람보다 청각이나 후각이 훨씬 뛰어난 데다 충성심이 깊어서 여러모로 주인을 보호할 수 있어요. 말을 길들이면 타고 다니거나 짐을 운반할 수 있어요. 소를 길들이면 농사는 물론이고 고기까지 얻을 수 있답니다. 말이나 소가 쟁기를 갈면 사람보다 몇 배의 힘으로 땅을 깊게 파기 때문에 말과 소를 길들인다는 것은 농업 생산력의 발전을 의미합니다. 돼지나 양을 길들이면 넉넉한 고기와 가죽을 얻을 수도 있고요.

농사와 목축을 시작했다고 해서 사냥과 채집을 하지 않았다는 말은 아니에요. 아직은 농업과 목축이 충분히 발달하지 않았기 때문에 덫도 놓고 열매도 따면서 농사도 짓고 동물도 길들인 것이지요. 그럼에도 불구하고 사람들이 스스로 먹을 것을 생산했다는 것은 참으로 중요한 사건입니다. 이러한 변화를 두고 일부 학자들은 '농업혁명'이라고 부르기도 해요.

: 농업혁명 시대의 도구들 :

신석기 시대에 들어와서 여러 변화들이 있었어요. 우선 석기를 다루는 솜씨가 크게 발전합니다. 구석기 시대에는 돌을 부수어서 도구를 만들었어요. 이런 도구를 뗀석기라고 해요. 하지만 신석기 시대에는 돌을 갈고 다듬어서 보다 정교한 도구를 만들었어요. 이런 도구를 간석기라고 한답니다. 돌 화살촉 같이 정교한 석기 무기는 물론이고 곡식의 껍질을 벗겨내기 위해 밀개 같은 것도 만들어져요. 농사를 시작했기 때문에 돌로 만든 농기구도 대거 등장하고요.

그리고 토기가 등장해요. 흙을 불에 구워서 그릇을 만들었어요. 농사를 지어서 곡식을 생산하면 이것을 끓여서 죽처럼 만들어 먹었거든요. 아직은 시루 같은 것이 발명되지 않았기 때문에 곡식을

빗살무늬 토기

- 빗살무늬토기는 그릇 표면을 빗 모양의 무늬 새기개로 누르거나 그어서 기하학적 무늬를 넣어 만들었어요.

쪄서 떡 같은 덩어리로 만들지는 못했답니다. 필요는 발명의 어머니라고나 할까요? 음식을 담을 무언가가 필요하잖아요? 고운 흙과 물 그리고 마른 풀이나 볏짚 같은 것을 적당히 섞고 다져서 그릇 모양으로 만들어요. 그리고 불을 피웁니다. 야외에서 불을 피우면 300~500도 사이까지 열이 올라간다고 해요. 뜨거운 열기를 이용하여 토기를 구우면 단단한 그릇이 만들어져요. 이 또한 대단한 발명이에요. 그릇에 먹을 것을 담아서 식사를 하는 생활 방식이 탄생한 순간이랍니다.

이후에도 농업 기술은 계속 발전해요. 처음부터 쌀을 생산하지는 못했어요. 쌀은 많은 양의 물이 필요하고 재배하기 까다로운 품종이거든요. 쑥쑥 잘 자라는 잡곡부터 시작해서 벼농사로 차근차근

동아시아의 신석기 토기들

발전하게 된답니다. 토기 또한 마찬가지예요. 만주와 한반도에서는 여러 종류의 토기가 만들어졌는데 그중 빗살무늬토기가 가장 유명하죠. 흥미로운 점은 빗살무늬토기가 우리나라 일대만이 아니라 시베리아, 러시아, 스웨덴 등 북방 지역에서 많이 나온다는 점이에요. 생각보다 인류가 열심히 대륙을 돌아다녔다는 얘기겠죠? 토기의 문양, 두께, 단단함 등은 각기 다른 제작 능력을 가진 집단이 있었다는 것을 의미해요. 그러니 토기의 분포를 분석하면 어느 시기에 어떤 집단이 한반도에 들어왔고 어느 시기에 어떤 집단이 큰 영향력을 행사했는지를 확인할 수 있답니다. 일본의 경우는 불꽃 모양의 조몬 토기가 많이 나와요. 중국의 경우 땅이 워낙 넓기 때문에 황허

한반도의 구석기 시대와 신석기 시대는 이렇게 달라요

	구석기	신석기
시기	약 70만 년 전	약 1만 년 전
대표 유적지	연천 전곡리 유적지	양양 오산리 유적지
도구	뗀석기 주먹도끼	간석기 삼각모양돌칼
식생활	사냥, 물고기잡이, 채집	농경, 목축 시작
주생활	이동생활, 동굴, 막집	정착생활, 강가의 움집

강 상류에는 양사오 토기, 황허 하류에는 다원커우 토기, 양쯔강 일대에는 허무두 토기 식으로 지역에 따라 토기의 모양이 다르기도 해요. 다양한 문화를 가진 집단이 다양한 토기를 만들면서 자신들만의 문화를 일구어갔던 것을 토기를 통해 확인할 수 있답니다.

    종교적이거나 예술적인 행위도 한층 구체적으로 표현이 된답니다. 조개껍데기로 가면을 만들어서 축제 때 사용하거나 동물 뼈, 조가비 등을 이용하여 귀걸이, 목걸이 같은 액세서리를 만들기도 했죠. 눈에 보이지 않는 영혼, 즉 정령이 있다는 믿음이 커지면서 무당 같은 주술사가 등장하기도 해요. 일반적인 사람들의 눈에는 보이지 않는 영적인 세계가 존재하고 그러한 영적 세계의 메시지를 이해하는 특별한 존재들을 섬기는 문화가 만들어진 것이지요. 호랑이나 곰 같은 무서운 동물 혹은 거대한 나무나 돌을 숭배하는 문화도 생긴답니다. 자연은 거대했고 인간은 여전히 자연을 두려워하며 숭배했어요.

> **숭배**
> 우러러보며 공경한다는 뜻이에요.

    생각해 봐요. 특정한 지역에 거주하고, 집을 짓고, 농사를 지으면서 여러 도구를 만들고, 예쁘게 꾸미고, 집단적으로 종교 활동을 하는 모습. 오늘 우리가 생활하는 모습하고 많이 비슷하지 않나요? 신석기 시대를 통해서 비로소 인류의 기본적인 생활 방식이 정착했답니다.

청동기 시대

인간은 왜
서로 싸우며
전쟁을 벌일까요?

: 싸우지 않기 위해 제도와 질서를 만드는 인간 :

가족이나 친구와 싸워 본 적이 있나요? 주먹다툼까지는 아니더라도 말다툼은 많이 해 봤을 거예요. 누군가를 싫어하고 미워하는 감정을 가져 본 적도 있을 거고요. 너무 억울하고 속이 상하는, 온갖 느끼기 싫은 감정이 마음속에서 피어오르는 그런 경험들 말이에요. 싸움에는 이유가 있어요. 잘못했거나, 누군가에게 괴롭힘 당하거나, 서로 의견이 다르거나 하는 등의 여러 이유로 섭섭한 감정이 쌓이다가 폭발하는 것이지요.

주변을 돌아보면 사람들은 정말 다양한 모습으로 싸우는 것 같아요. 어릴 때에야 사소한 이유로 다투더라도 선생님이나 부모님이

나서서 문제를 해결해 주지만 어른이 되면 소송을 벌이기도 하고, 내전이 벌어지기도 하고 심지어 국가 간에 전쟁이 나기도 해요. 왜 사람들은 이렇게까지 싸우는 걸까요?

싸우는 사람이 있으면 말리는 사람도 있어요. 어른들의 싸움도 마찬가지예요. 토론이나 회의를 통해 의견을 좁히거나 투표를 통해 결정을 내리기도 해요. 아예 변호사와 함께 법원에 가서 판결을 받기도 합니다. 다툼과 갈등을 해결하기 위한 제도적인 장치가 있기 때문이에요. 국가의 중요한 일은 투표를 통해 대통령과 국회의원을 뽑아서 해결하죠. 분쟁이 생기면 판사, 검사 그리고 변호사들이 일을 처리합니다. 각종 분쟁을 해결하기 위한 위원회도 있어요. 뉴스에 자주 나오는 유명한 국제기구들도 이런 문제들을 해결하기 위해 만들어졌어요. UN(국제연합)은 여러 나라의 갈등을 조절하며 세계 평화를 위해 노력합니다. WTO(세계무역기구)는 무역 분쟁을, WHO(세계보건기구)는 전염병 같은 위협을, ILO(국제노동기구)는 노동자의 처우 개선을 위해 노력해요.

이처럼 인간은 싸움과 분쟁, 다툼이나 갈등을 해결하기 위해 대표를 정해 문제 해결을 위한 권한을 주거나 사회적으로 제도와 질서를 만들려고 애쓴답니다. 이런 노력을 계속하다 보면 사회가 보다 정교하게 발전할 수 있겠죠? 집단과 지역마다 차이가 있으니까 그들만의 독특한 문화도 만들어지겠고요. 그래요. 사람이란 끊임없이 제도와 질서를 만들어 가는 존재랍니다.

: 역사의 흐름을 바꾼 청동기의 등장 :

박물관에 가서 석기 시대 유물을 구경하고 나면 자연스럽게 청동기 시대 전시관으로 이어져요. '청동기 시대' 하면 뭐가 떠오르죠? 청동검! 대부분 청동검을 떠올려요. 청동 거울, 청동 방울 등 여러 유물이 있지만 압도적으로 청동검이 많죠. 앞서 보았던 석기 시대 유물하고 분위기가 확실히 다르기도 하고요. 왜 청동기 시대에는 그토록 많은 청동검이 만들어졌을까요?

우선은 불을 다루는 기술이 발전했기 때문입니다. 사람만이 지구상에서 유일하게 불을 다룰 수 있어요. 땔감을 모으고 불을 붙여서 체온을 보호하고 동물의 위협으로부터 집단을 지켜요. 여러 기술적인 문제를 해결하면서 불의 온도를 높이고 비로소 돌덩이에서 금속을 추출하게 됩니다. 엄청난 기술혁신을 이루어낸 거예요. 불의 온도가 약 800도에 이르면 구리나 주석 등을 얻을 수 있고 1,000도에 이르면 쇠 같은 보다 단단한 금속을 얻을 수 있답니다. 구리와 주석을 섞으면 청동이 돼요. 쇠에 비해서 낮은 온도에서 추출할 수 있고 비교적 다루기 쉬운 금속이기 때문에 거푸집 같은 것을 활용해서 원하는 모양의 도구를 제작할 수도 있어요. 다양한 도구는 물론이고 복잡한 문양도 표현할 수 있었답니다. 고대 중국의 경우 다양하고 화려한 청동기를 많이 제작했어요. 청동 그릇, 청동 주전자, 청동 술통 등 온갖 생활 용기들을 청동으로 만들었는데 너무나 다양한 문양으로 예술미를 뽐냈답니다. 동물이나 조류, 괴물까지 온갖 다양한 형태가 청동기로 제작될 정도였어요. 청동기의

청동기 시대의 유물을 살펴봐요!

비파형 동검   세형 동검   청동 거울

토기와는 비교도 안 되게 정교하고 아름답지?

호랑이 모양 띠고리

등장으로 역사는 또 한 번 변화를 겪게 됩니다. 흙과 불과 돌밖에 없던 세상에 비로소 금속이 등장한 거니까요.

생각해 보세요. 이전까지는 나무, 지푸라기, 가죽이나 뼈, 돌로 만든 도구밖에 없었어요. 그런데 푸른 빛을 내는 새로운 색감의 도구가 등장한 거예요. 이제까지는 누런 계통의 색깔밖에 없었는데 푸른 빛깔의 도구라니! 햇빛이 반사되고 물이 묻으면 광택이 나는 전혀 새로운 분위기가 연출된 것이지요. 청동기를 몸에 걸치면 화려하기 짝이 없고, 청동으로 만든 그릇이나 병에 음식과 물을 담아 마시면 너무나 고급스러워 보였을 거예요.

그런데 왜 그토록 많은 검이 만들어진 것일까요. 개인과 부족, 집단 사이에서 갈등과 다툼, 전투와 전쟁이 빈번했기 때문이에요. 신석기 시대를 거치면서 농업이 발전하고 청동기 시대가 되면 인간의 삶은 훨씬 풍요로워집니다. 먹거리가 많아지고, 그만큼 인구도 늘어나죠. 건축술도 크게 발전했어요. 주춧돌을 놓고 직사각형으로 건물을 만들 수 있을 정도였으니까요. 땅을 깊이 파서 만드는 움집이 아니라 오늘날과 같이 지상에 집을 만드는 수준이 되었어요. 함께 의식을 치르는 넓은 회당이 만들어지기도 하는 등 다양한 규모의 건물들이 만들어졌습니다.

변화는 종합적이었어요. 함께 모여 마을을 이루고 공동으로 경작을 하면서 농업생산력을 향상시켰고, 부족이나 집단마다 그들만의 신앙을 발전시키기도 했지요.

: 부족의 등장과 전쟁의 시작 :

이렇게 성장한 여러 부족과 집단은 충돌하기 시작했어요. 이유는 다양했을 거예요. 기근이 들어서 먹을 것이 부족해지자 옆 마을을 공격했을 수도 있고, 매우 거칠고 야심만만한 부족장이 등장해서 자신의 권위를 높이려고 다른 지역에 쳐들어갔을 수도 있겠지요. 한 번 싸움이 시작되고 나면 상황은 걷잡을 수 없이 나빠집니다. 누군가 피해를 입고 나면 보복하려고 했을 것이고 자연스럽게 여러 부족들 간에 싸움이 빈번해지게 됩니다. 예전에는 강가에 살았다면 이제는 이웃 부족의 침입을 막기 위해 구릉지로 거주지를 옮기고 마을 어귀에는 목책이나 담을 쌓아 경계를 강화하기도 했어요. 아예 대놓고 약탈과 노략질을 하는 경우도 있었어요. 다른 마을에 쳐들어가서 식량을 훔치고 사람들을 노예로 삼는 일이 벌어진 것이지요. 끔찍하지 않아요? 참으로 오랜 기간 인간은 자연에 적응하며 살아왔고 생존을 목표로 했어요. 사람들끼리는 평등했고 지도자는 사람들을 지배하지 않았지요. 그런데 이제 겨우 조금 살 만해지니까 무기를 만들고 사람을 찔러 죽이고, 물건을 빼앗아 오고, 노예로 만드는 일이 지구상에서 벌어진 거예요.

> **구릉지**
> 해발 고도 200~600미터에 완만한 경사가 진 곳으로, 평지와 산지의 중간 모습이에요.

이런 일이 반복되면서 새로운 문화가 등장해요. 전쟁에서 이긴 쪽이 진 쪽을 지배하다 보니 계급이 생겨나요. 재산을 많이 가진 이들이 지배층 행세를 하기도 했죠. 그리고 이러한 모습을 합리화하기 위해 이상한 주장을 늘어놓기 시작합니다. '우리는 하늘에서 내려온 특별한 족속이다.', '우리는 곰의 혈통을 이어받은 특별한 부족이다.', '우리는 호랑이가 낳은 특별한 사람들이다.', '우리만이 특별하고 선택된 사람들이고 너희들은 그렇지 않다. 따라서 우리가 너희들을 지배하는 것이다.'라는 선민사상이 등장한 거예요. 이런

세계 거석 문화 발달 지역

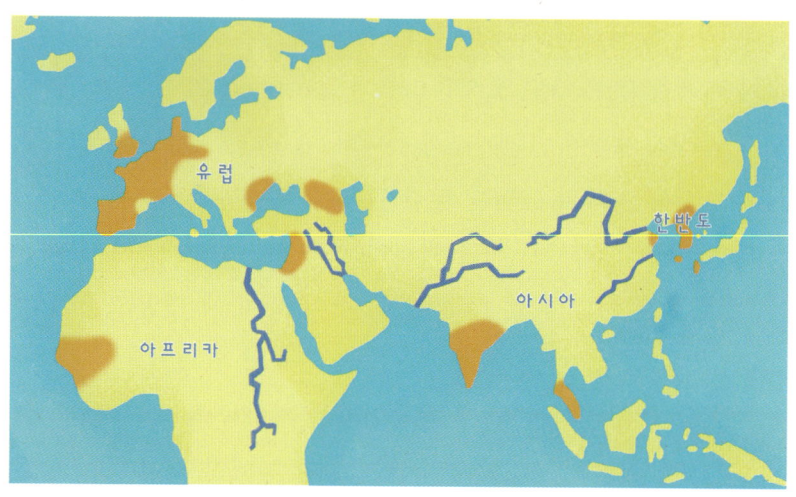

강화 부근리 탁자식 고인돌

강화 고인돌 유적은 고창, 화순 고인돌 유적과 함께 세계문화 유산으로 등재되었어요!

주장을 합리화하기 위해 신화를 만들고 고인돌을 만들었어요. 많은 사람들이 동원되어서 지배층의 무덤을 만든 거예요. 땅을 깊이 파고, 시신을 안장한 후 그 위에 큰 바위돌을 굴려와서 덮는 형태에요. 탁자 모양으로 근사하게 만든 것부터 바둑판처럼 세움돌을 작게 하거나 아예 큰 바위 하나를 덮은 것도 있어요. 우리나라에는 강화도, 고성 등 고인돌이 집중적으로 분포된 지역들이 있습니다. 세계적으로 보더라도 고인돌이 가장 많이 만들어진 곳이 한반도이기도 해요.

만주와 한반도에서는 기원전 1,500년 정도에 청동기 시대가 시작됩니다. 고대 이집트 문명이나 메소포타미아 문명 같은 곳에서는 기원전 3,500년 전부터 청동기가 발전합니다. 약 1만 년 동안 신석기 시대를 살다가 급격한 변화가 일어났다고 보면 돼요. 청동검은 실전용 무기가 아니라 제사용 도구라는 주장도 있어요. 청동은 쇠에 비해 한참 약하기 때문에 잘 부러진답니다. 무기로서 쓸모가 없는 것이지요. 더구나 발견되는 대부분의 청동기가 손잡이 매듭이 짧아요. 단단하게 손잡이를 장착할 수 없기 때문에 실전용이 아니라는 것이지요. 그렇다 하더라도 이렇게 다량으로 검을 만들었다는 것은 그만큼 검을 중요하게 여겼다는 것을 의미해요. 전투가 빈번하고 검이 중요한 도구로 숭배되었던 겁니다.

청동검은 중국, 일본은 물론이고 세계 곳곳에서 다양한 형태로 만들어집니다. 지역이나 집단에 따라 청동검의 모양이 다르기 때문에 청동검의 분포를 통해 고대 국가의 영토를 확인할 수 있어요. 만주와 한반도 북부에서는 비파형 동검이 많이 만들어졌답니다. 우리

역사 최초의 국가였던 고조선의 활동 범위와 대체적으로 일치해요. 기록을 통해 확인되던 고조선이 실제로 있었다는 사실을 청동기 유적을 통해 입증한 것이지요.

　청동기 시대 후기로 가면 세형 동검이 등장하는데 한반도에서만 발견돼요. 왜 사람들은 비파형 동검을 사용하다가 세형 동검으로 바꾸었을까? 왜 세형 동검은 만주에서 나오지 않을까? 비파형 동검이 한반도 북부에서 발굴되는 데 반해 왜 세형 동검은 한반도 남부에서도 발견이 되는 걸까? 새로운 국가의 등장? 어떤 부족이 몰락하고 새로운 부족의 등장했기 때문일까? 고고학자들은 청동검 말고도 집터라든지 여러 유물을 분석하면서 당시의 모습을 추적하고 재구성한답니다. 발굴을 하고 유적과 유물을 검토하는 학문이 고고학이에요. 새로운 유적이 발굴되고 유물이 나올 때 우리는 과거에 대해 더욱 자세히 알 수 있게 되는 거고요.

 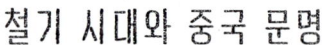

철기 시대와 중국 문명

나라가 강해지는 게 나랑 무슨 상관이 있어요?

: 세계 4대 문명 중 하나인 황허 문명 :

'한류', 'K-컬처'. 이런 말들 들어 봤죠? 영화 〈기생충〉, 드라마 〈오징어 게임〉, 아이돌 그룹 BTS, 블랙핑크 등 우리 문화가 세계적으로 큰 인기를 끌고 있답니다. BTS는 빌보드 차트에서 1등을 수차례 했고 〈기생충〉이나 〈오징어 게임〉 같은 작품들은 아카데미 시상식, 골든 글로브 시상식 등에서 수상하면서 뜨거운 관심을 받기도 했어요. 당연히 우리나라 사람들은 이러한 활약을 보며 함께 기뻐합니다. 그런데 생각해 봐요. 왜 한류나 K-컬처가 빌보드 차트나 아카데미 시상식에서 인정을 받은 것이 더욱 화제가 되는 걸까요? 동남아시아에서도 한류의 영향력이 대단하고 라틴 아메리카에서도

K-컬처에 열광적인 반응을 보내고 있는데 왜 유독 빌보드 차트나 아카데미 시상식에서의 성공을 더욱 기뻐하는 걸까요?

　미국에서 인정받은 것이 때문입니다. 빌보드 차트도 그렇고 아카데미 시상식도 모두 미국에서 주최하는 행사잖아요? 세계 여러 나라에서 우리 문화가 인기를 누리는 것도 좋지만 미국 사람들이 인정해 주면 더욱 뿌듯하게 느껴지거든요. 왜 그럴까요? 미국이 현재 세계를 주도하는 가장 강력한 나라이기 때문입니다. 대통령과 의회가 중심인 미국식 자유민주주의는 우리나라뿐 아니라 세계 대부분의 국가에서 정치 제도로 받아들이고 있어요. 〈어벤져스〉, 〈스파이더맨〉 같은 할리우드 영화가 개봉하면 전 세계 사람들이 열광하죠. 세계의 모든 화폐는 '달러'를 기준으로 가치를 평가받아요. 1달러에 1,000원과 같은 식으로요. 미국이 전 세계 정치·경제·문화의 중심지이기 때문입니다.

　과거에는 어땠을까요? 우리나라의 경우 중국의 영향력이 강했답니다. 중국에는 기원전 약 2,500년부터 황허 문명이 등장합니다. 인류 최초이자 당시 가장 선진적인 문명 중 하나였습니다. 청동기에 이어 철기 시대로 빠르게 발전하였고 하나라, 상나라, 주나라 등 동아시아 어떤 지역에 비해 일찍 고대 국가를 이룩했답니다. 우리나라와 중국은 지리적으로 매우 가까워요. 서해를 중심으로 중국에도 톈진, 베이징, 난징, 상하이 같은 대표 도시가 있고 우리나라 역시 평양, 개성, 서울, 인천 등이 이어지니까 사실상 두 나라의 주요 도시가 마주 보고 있답니다. 역사를 이해하는 또 다른 눈은 '지리'입니다. 역사를 공부할 때 항상 지도를 살펴볼 필요가 있어요. 지리

세계 4대 문명지는 이곳이에요!

- **이집트 문명:** 나일강 유역에서 발달한 문명으로 정치와 종교를 결합한 파라오 신권 정치가 특징이에요. 사후 세계를 믿었기 때문에 피라미드, 미라, 스핑크스와 같은 유물이 발견되고, 태양력과 측량술, 의학이 발달했답니다!
- **메소포타미아 문명:** 티그리스와 유프라테스강 유역에서 발달했어요. 태음력과 60진법, 함무라비 법전과 쐐기문자 등 강력한 국가가 존재했음을 알 수 있는 유물들이 많아요!
- **인더스 문명:** 인도의 인더스강에서 발달했어요. 도시의 발전으로 도로망이 발달했고, 공중목욕탕도 발견되었답니다.
- **황허 문명:** 중국의 황허강에서 발달한 문명으로 조와 수수를 재배한 흔적이 있고 갑골문자가 발달했답니다.

를 알면 역사를 좀 더 쉽게 이해할 수 있답니다.

: 청동기 시대를 넘어 철기의 시대로 :

인류는 청동기 시대를 거쳐 철기 시대로 나아갑니다. 돌을 부수고 흙을 파는 석기보다 훨씬 강한 도구의 시대가 도래한 것이지요. 청동기로 만든 농기구는 없어요. 강도가 약하기 때문에 농사를 지을 수가 없었던 것이지요. 하지만 철기는 석기보다 단단하고 강합니다. 철로 만든 농기구가 돌로 만든 농기구를 대체하게 되고 그만큼 농업생산력은 발전하게 됩니다. 전투에서도 마찬가지예요. 강철 검, 쇠로 만든 화살촉을 이길 수 있는 무기는 없었어요.

철기 시대 다음은 뭐냐고요? 역사를 설명할 때 보통 석기 시대, 청동기 시대, 철기 시대로 분류한답니다. 현재도 철은 너무나 중요한 자원으로 활용되고 있어요. 플라스틱도 나오고, 알루미늄부터 각종 합금이 개발되었지만 그렇다고 철을 완전히 대체하지 못했죠. 즉, 철기 시대가 시작된 이후 현재까지도 철은 중요한 물질이기 때문에 역사를 설명할 때 새로운 금속을 기준으로 이야기하지는 않는답니다. 현재도 여전히 철기 시대인 것이지요.

중국 문명의 발전은 우리나라를 비롯한 동아시아에 큰 영향을 미칩니다. 중국은 기원전 6세기경부터 혼란기에 빠져들어요. 주나라가 흔들리면서 귀족들이 독립하고 귀족들끼리 세력을 다투는 춘추전국시대가 되거든요. 하지만 이러한 혼란이 오히려 중국 문명을 발전시켰답니다. 제후들은 자신의 나라를 발전시키려고 신분을 따지지 않고 인재를 모았고, 농업과 상업을 장려하고 군사력을 강화하기 위해 노력했습니다. 신분이 낮은 사람이더라도 능력이 있으면 **관직**을 얻어 출세할 수 있고, 꼭 관직으로 나가지 않더라도 상인이나 장군으로 출세할 수 있었답니다. 전국 각지에서 귀족들의 나라가 이런 식으로 앞다투어 경쟁을 하니까 오히려 사회가 부강해지고 풍요로워진 거예요. 청동기와 철기를 기반으로 기술 발전도 대단했고요. 각종 철제 농기구가 등장했고 청동으로 만든 화폐가 유통되었답니다. 제도적인 변화도 컸어요. 군현제와 관료제가 도입되었어요. 전국을 군과 현으로 구분하고 관료를 파견해서 통치했답니다. 요즘에도 서울특별시, 경상북도, 동대문구, 대덕구와 같이 행정구역을 나누고 시장, 구청장, 공무원이 일을 하잖아요? 그러한 방식이 이 시기에 만들어진 거예요.

> **관직**
> 국가의 일을 하는 공무원 또는 관리의 일이나 직책을 말해요.

: 제자백가의 등장과 사상의 성장 :

그리고 이때 제자백가라고 하는 집단이 출현해요. 유가, 묵가, 법가, 도가, 종횡가 등등 여러 주장을 하는 사람들이 나타났어요.

공자, 맹자 같은 이들은 인간이 본래 선하기 때문에 그러한 도덕적인 능력을 바탕으로 사회를 안정시켜야 한다고 주장했어요. 군주는 백성을 위한 통치를 하고, 아버지는 가족을 잘 돌보며, 사람은 어린 시절부터 스스로를 잘 단련해서 성인이 되면 세상에 나가 홀륭한 일을 해야 한다고 보았습니다. 또한 예의범절을 강조했고 제사를 중요시했습니다. 이들을 유가라고 불렀는데 나중에는 유교로 발전합니다.

묵가는 사람은 모두 평등하며 검소하게 생활할 것을 주장했어요. 귀족들이 전쟁을 일으키는 것에 반대했고 항상 약자 편에서 싸웠답니다. 공격에 대응하는 수비 전법을 개발하였고 아무런 상관이 없는 사람들이더라도 공격을 받으면 함께 맞싸웠던 실천적인 집단이었죠. 묵가의 지도자 묵자는 한때 유가에서 공부를 했는데 유학자들이 도덕만 강조하고 신분 질서를 옹호하는 것을 비판했답니다.

> **옹호**
> 함께 편을 들어서 지켜주는 것을 말해요.

법가는 법을 강조하는 분파예요. 한비자가 대표적인 인물입니다. 이들은 혁신을 강조했어요. 유가가 이야기하는 예의범절이나 묵가가 말하는 평등 사상은 쓸모없다고 보았죠. 법가가 보기에 가장 중요한 것은 힘이에요. 강력한 권력이 있어야만 귀족 간의 경쟁에서 승리할 수 있다고 생각했습니다. 법가는 엄격한 법 집행을 강조했어요. 법을 어길 경우 누구나 단호하게 처벌하는 등 국가 기강을 강조했습니다. 백성은 평소 농사를 열심히 짓고 군사 훈련을 철저하게 받아야 했죠. 농업을 발전시켜서 경제력이 강해지고 전쟁에 나가 적을 물리쳐 영토를 넓힐 것을 강조했어요. 실제로 진시황은 법가의 사상을 받아들여 천하를 통일하여 최초의 황제가 되었답니다. 하지만 너무 엄격하게 백성을 다루었기 때문에 그가 세운 진나라는 오래가지 못하고 멸망했어요. 유가나 묵가 그리고 법가는 세상을 바라보

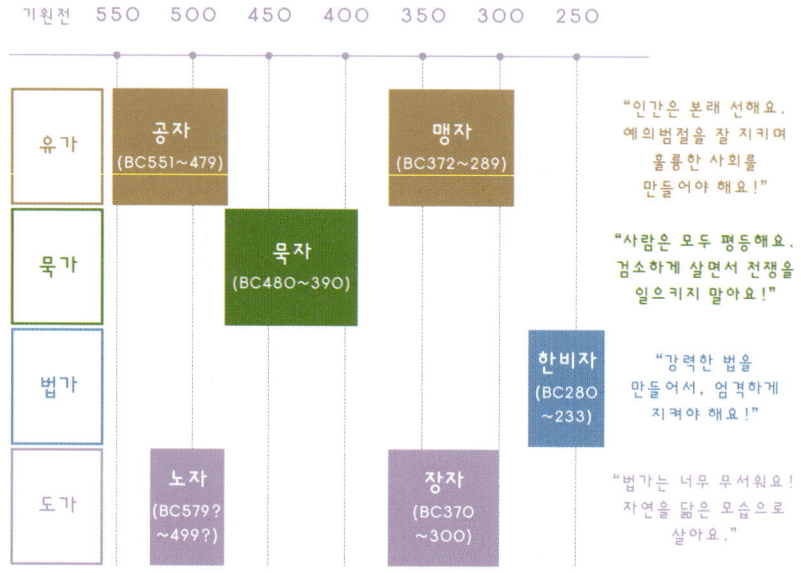

는 입장 차이는 있지만 저마다 사회 혼란을 해결하고자 했다는 점에서 공통점이 있습니다.

그러나 도가는 전혀 달랐어요. 도가는 노자와 장자가 이끌었습니다. 이들은 자연과 가까워질 것을 강조했습니다. "이런 방식이 옳아.", "아니야, 저 방식이 옳아.", "그렇지 않다니까! 내 말을 들어 봐." 하고 여러 가지 해법을 말하지만 결국 각자가 옳다고 주장하면서 갈등만 커진다는 것이지요. 도가는 정말로 사회 혼란을 극복하고 싶다면 사회에 대한 관심을 끊는 것밖에는 방법이 없다고 주장했어요. 왕, 귀족, 권력, 농업, 상업, 군사력 등등 제도와 질서를 만들고 강해지려고 하는 것 자체가 잘못되었다는 것이지요. 그것보다는 자연으로 돌아가서 자연과 벗하면서 소박하게 살며 왕도 귀족도 없고 권력도 군사력도 없는 세상으로 돌아가는 것이 옳다고 봤습니다. 이렇듯 다양한 생각이 쏟아져 나왔고 유가나 도가는 유교, 도교로 발전하면서 중국과 우리나라를 포함한 동아시아 전체에 커다란 정신적 영향을 주었답니다.

: 한나라의 출현과 문물의 교류 :

이런 과정을 통해 중국은 주변 지역에 비해 빠르게 성장했고 진시황 이후 한나라가 들어서면서 거대한 통일제국이 된답니다. 더구나 일찍부터 '한자'를 발명했어요. 말이 아닌 문자가 등장한 것이지요. 사람은 말을 통해 의사소통을 합니다. 하지만 말은 한계가 있어요. 일대일로 하건 여러 사람한테 연설을 하건 기껏해야 수십 명한테 전달될 뿐이죠. 하지만 문자는 달라요. 한 번만 글로 써서 전단지나 책으로 만들면 수천, 수만 명의 사람들이 문자를 통해 내용을 전달받을 수 있어요. 정보 전달 속도가 비교할 수 없을 만큼 빨라진 거예요.

철기 시대가 본격적으로 발전하는 기원전 2세기에 중국은 거대한 제국으로 발돋움하게 된답니다. 세계적으로 보더라도 당시 중국에 비견되는 나라는 로마제국 정도였습니다. 심지어 종이를 발명하기까지 해요. 돌판이나 죽간보다 훨씬 가볍기 때문에 쓰는 것은 물론이고 책을 만들거나, 전달하는 데도 훨씬 유리했어요. 이 시기 중국은 군현제와 관료제 같은 체계적인 정치 시스템, 유교와 도교 같은 수준 높은 정신세계 그리고 거대한 대륙을 기반으로 발전한 농업과 상업이 발달되어 있었어요. 요즘으로 말하면 미국 같은 선진국이 등장한 거랍니다.

오랜 기간 만주와 한반도는 중국보다는 주로 북방 유목민족들과 교류했습니다. 토기, 청동기를 비롯하여 발굴되는 여러 유물과 유적을 보면 중국과는 확연히 다르다는 것을 알 수 있어요. 하지만 철기 시대로 진입하는 기원전 5세기가 되면 우리나라는 중국과 급속도로 가까워집니다. 중국 돈이 사용되기 시작했고 한자를 썼으며 붓과 종이로 글을 쓰기 시작해요. 예전과는 다르게 중국에서 선진 문물이 쏟아져 나오니까 중국과의 교류를 중요하게 생각하게 된 거예요.

생각해 봐요. 지금도 컴퓨터, 스마트폰, 전기차 등 발전된 신기술들이 미국을 비롯한 선진국에서 들어옵니다. 우리나라의 경우 미국은 물론 영국, 프랑스, 독일 등과 교류하면서 성장해 왔어요. 선진 문물을 배워서 우리 것으로 만드는 과정을 겪는 것이지요. 그런데 놀랍게도 지금으로부터 2,000년 전 만주와 한반도에서도 같은 현상이 있었던 거예요.

단군과 고조선

과거의 역사를
어떻게 정확하게
알 수 있지요?

: '국가'라는 고도화된 사회의 등장 :

시작이 있으면 끝이 있겠죠? 공룡이 지구를 지배하던 때가 있었지만 운석과 화산 때문에 멸종되고 말았잖아요? 지구의 역사도 처음이 있었을 것이고 언젠가는 끝이 있을 거예요. 운석 충돌 때문일 수도 있겠고 지구의 핵이 힘을 다하고 소멸하기 때문일 수도 있겠죠. 인류의 역사도 마찬가지예요. 기후 위기처럼 사람들 스스로 만든 문제로 인해 멸망할 수도 있어요.

 지금까지의 이야기를 생각해 봐요. 다른 종류의 동물과는 다르게 사람은 두뇌를 사용해 불을 다루고 도구를 활용했습니다. 그래서 동물과는 다른 이야기를 만들기 시작했어요. 농사를 짓고 집을 만들고 토기를 빚고 조리한 음식을 함께 먹었답니다. 농업 기술이 발전하고 인구가 늘자 부족을 이루고 마을과 집단을 만들었죠. 집단끼리 전쟁도 하고 노예가 생기기도 했어요. 문화도 발전했습니다. 그리고 사람들은 비로소 '나라'라는 것을 만들게 됩니다. 넓은 영토를 다스리는 왕이 있고 지켜야 할 법이 있는, 이전과는 확실히 차이가 있는 고도화된 사회가 등장한 거예요.

생각해 봐요. 오늘날 우리 역시 나라에서 살고 있어요. 국가라고도 하죠. 우리나라는 대한민국이고, 대한민국은 민주공화국입니다. 적당한 연령이 되면 투표권을 갖게 되고 마음만 먹으면 대통령이나 국회의원에 출마할 수도 있답니다. 표현의 자유가 있어서 사회 문제에 대해 마음껏 비판할 수도 있어요. 대한민국은 자본주의 국가이기도 해요. 누구나 자유롭게 직업을 선택하고 아이디어를 내서 사업을 하고 장사도 합니다. 기업을 운영하는 사장님이 될 수도 있고요. 국가는 세금을 걷고, 사회복지제도를 만들어서 가난한 사람들을 돕기도 합니다. 경찰, 검사, 의사, 소방수 등 여러 전문직을 두고 국민에게 다양한 도움을 주기도 하고요.

오늘 우리가 대한민국의 국민으로 살아가는 것처럼 과거의 사람들도 각자 자신들의 나라에 살았답니다. 하지만 현재의 모습과는 차이가 많았어요. 우리 역사에서 등장한 첫 국가의 이름은 '고조선'입니다.

: 기록과 유물을 통해 확인하는 고조선의 등장 :

고조선은 조선이에요. 무슨 말이냐고요? 세종 대왕을 배출한 조선이라는 나라가 있잖아요? '고(古)'라는 한자는 조선왕조와 구분을 지으려고 붙인 거예요. 조선은 1392년에 시작된 나라니까 지금부터 700년 전에 시작되었죠. 고조선의 경우에는 시작이 정확하지 않지만 기록상 기원전 700년부터 등장하니까 조선왕조보다 훨씬 오래되었잖아요? 오래된 조선과 그냥 조선. 이해하기 좋게 구분한 거랍니다. 이렇게 같은 이름의 나라를 구분하려고 '전(前)'이나 '후(後)'라는 한자도 많이 붙여요. 후고구려, 후백제 같은 이름이 대표적이죠. 고구려, 백제와 구분하기 위해 '후'를 붙인 겁니다. 우리나라의 경우에는 찾아보기 힘들지만 중국 왕조 중에 '전한', '전진' 식으로 '전' 자를 붙인 나라들도 있어요. 아, 그리고 '고구려'와 '고려'는 같은 말이기도 해요. 고구려가 나중에 국호를 고려로 바꾸거든요. 조선왕조 전에 고려라는 나라도 있었고 발해가 고려라고 주장하기도 했어요. 우리나라의 이름인 '대한민국' 혹은 '한국'을 영어로는 '코리아(Korea)'라고 하는데, 바로 이 '고려'를 영어로 쓴 것이 '코리아'랍니다.

　고조선이 정확히 언제 시작했는지는 알 수 없어요. 기록상 기원전 2,333년이라고는 하지만 썩 믿을 만하지 않아요. 《삼국유사》에 고조선에 관련한 기록이 처음 나오는데 고려 말에 쓰여졌거든요. 고조선이 기원전 108년에 망했고 고려가 1392년에 망했으니까 실제 고조선 시기보다 1,000년이 넘게 차이가 나는 기록이지요. 그리고 한때 중국에서는 조선을 국가 이름이 아니라 지명으로 부르기도 했어요.

하지만 고조선이 실제 존재했던 국가라는 사실은 중국 측 기록과 유물을 통해서 확인이 가능합니다. 중국 역사책에는 기원전 7세기에 고조선과 관련된 기록이 나옵니다. 또한 유물을 발굴해 보면 요령 지역에서 한반도 북부까지 비파형동검을 비롯하여 고인돌, 거친무늬 청동거울, 미송리식 토기 같은 유물들이 대거 나옵니다. 중국 북부나 만주 북부에서 나오는 유물과는 확연히 차이가 있어요. 즉, 만주와 한반도 북부에 이르는 단일한 국가가 있었다는 것이지요.

고조선이 어디에 있었느냐를 두고 학자들 간에 논쟁이 있어요. '요동을 중심으로 발전했다.', '아니다, 평양을 중심으로 발전했다.' 등등 여러 이야기가 있는데 최근에는 요동에서 시작해서 평양 쪽으로 이동해 왔다고 봐요. 과거에는 지금처럼 영토 개념이 정확하지 않았거든요. 대한민국의 경우 한반도와 제주도를 비롯한 여러 섬들 그리고 동해, 서해, 남해가 우리 땅이잖아요? 하지만 과거에는 지금처럼 인구가 많지도 않았고 지금처럼 꼼꼼하게 모든 지역을 관리하지도 못했어요. 더구나 중국의 세력이 확장하면서 계속 주변 민족들과 충돌했거든요. 고조선의 경우에는 춘추전국시대의 강력한 국가인 연나라와 경쟁했어요. 랴오허(요하)강을 두고 서쪽에는 연나라가 동쪽에는 고조선이 대립하면서 많은 싸움을 벌였지요. 결국 중국이 진나라를 거쳐 한나라로 통일이 되고 기원전 108년에 한나라 7대 황제였던 무제가 고조선의 수도 왕검성을 함락하면서 멸망하고 말았습니다. 왕검성은 평양에 있었어요. 그러니까 고조선 역사의 후반기는 평양을 중심으로 한반도 북부가 중심지였던 것이지요.

'기록이 없으면 기억이 없다.'라는 말이 있어요. 워낙 오래전 일이고 기록이 거의 없기 때문에 고조선의 역사에 대해서는 자세히 알기가 힘듭니다. 더구나 남아 있는 기록의 대부분이 중국 측 역사서고요. 중국 측 역사서는 대부분 중국인들의 입장에서 고조선을 바라보았기 때문에 정보가 정확하지 않고 내용이 부정적일 때가 많답니다. 그럴 수밖에 없어요. 지금처럼 학문이 발달한 때도 아니고 직접 고조선을 답사한 것도 아니니까요. 고조선을 비롯한 주변 민족들을 오랑캐라고 부르며 얕보는 시기이기도 했고요. 발달한 고조선 역사를 제대로 조명할 수 없다는 사실이 아쉬울 따름 이에요.

: 한나라와 힘을 주고받으며 성장하고 멸망한 고조선 :

기원전 194년 고조선에서는 중요한 일이 벌어져요. '위만'이라는 인물이 왕을 몰아내고 권력을 장악했거든요. 이 사실을 기억하기 위해 역사가들은 '위만조선'이라는 용어를 사용한답니다.

위만은 이주민이었어요. 중국의 경우 진나라가 멸망하고 한나라가 세워지거든요. 법과 엄격함을 강조한 진시황이 죽자 여기저기 반란이 일어났어요. 이 와중에 항우가 초나라를 세웠고 유방이 한나라를 세웁니다. 두 영웅이 치열한 싸움을 벌인 끝에 결국 한나라가 천하를 통일하게 돼요. 반란이 일어나고, 나라가 멸망하고, 다시 새로운 나라를 세운다고 전쟁을 하니 얼마나 소란스러웠겠어요. 많은 사람이 안정적인 공간을 찾아 고조선으로 넘어오게 되었고 그 중에 위만도 있었답니다.

위만은 당시 고조선의 지배자 준왕의 신임을 받으며 고조선의 유력자로 성장합니다. 결국 반란을 일으켜서 왕이 되었죠. 위만 조선은 한나라와 북방 민족 사이에서 **중계무역**을 하며 이득을 누렸어요. 한나라가 세워진 지 얼마 안 되었고 당시에 '흉노'라는 북방 민족의 힘이 강했거든요. 힘이 약해진 중국 세력과 신흥 세력인 흉노 그리고 주변의 여러 민족들 사이에서 상황을 잘 활용하며 교역을 통제하고 여러 경제적 이권을 챙겼답니다.

> **중계무역**
> 다른 나라에서 사 온 물건을 다시 남다른 나라로 팔아서 이익을 얻는 방법이에요.

하지만 한나라가 안정이 되고 전쟁을 좋아하는 황제였던 무제가 집권을 하면서 상황이 급변합니다. 무제는 흉노를 공격하여 초원으로 몰아냈고 이 와중에 실크로드를 발견하기도 합니다. 중국에서 중앙아시아로, 다시 서아시아를 거쳐 로마로 가는 길이 열리게 된 겁니다. 엄청난 지리적 발견이었고 **실크로드**를 통해 동서양의 광범위한 교류가 일어나기도 해요. 하지만 한무제는 교류보다는 정복을 선호했어요. 동서남북으로 군사를 보내서 정복전을 계속 벌였거든요. 결국 남쪽으로는 남비엣(오늘날 중국 남쪽과 베트남 북부에 해당하는 위치에 있던 국가)을 멸망시킵니다. 이때부

> **실크로드**
> 중국과 서아시아를 거쳐 지중해 연안까지 무려 6400km에 이르는 무역길이에요.

터 수백 년 동안 베트남은 중국의 지배를 받게 됩니다. 그리고 고조선도 망하게 되고요.

고조선이 멸망했을 때 만주와 한반도 일대는 어땠을까요? 지배층이 쫓겨나고 여러 지도자들이 처형을 당하고 백성들은 약탈을 당하고 살기 위해 고향을 버리고 뿔뿔이 도망을 치는 등 온갖 비극적인 일들이 많았을 거예요. 하지만 이런 것들에 관하여 남겨진 기록이 없기 때문에 그저 미루어 짐작할 뿐입니다.

고조선이 멸망했다고 우리 역사가 끝난 건 아닙니다. 오히려 만주와 한반도의 역사는 더욱 역동적으로 발전하게 됩니다. 우선 위만을 비롯한 여러 이주민들 덕분에 철기 문화를 비롯하여 중국의 선진 기술과 문물이 고조선에 많이 들어왔어요. 위만에 의해 쫓겨난 준왕은 남쪽으로 내려와 '진'이라는 나라를 세웠다고 해요. 정확한 사실을 알기는 어렵지만 준왕을 비롯한 고조선 사람들 중 상당수가 한반도 남부에 대거 이주하면서 선진문물이 전파되었던 것은 사실입니다. 또한 고조선이 멸망하면서 다시 한번 수많은 사람들이 한반도와 만주 일대로 도망쳐요. 의도하지 않았지만 결과적으로 선진 기술과 문물이 만주와 한반도 구석구석에 전파되는 효과가 일어난 것이지요.

고조선의 멸망 이후 만주와 한반도는 중요한 변화를 겪습니다. 만주에는 부여, 고구려 같은 새로운 나라가 등장하고 한반도에도 삼한이라는 새로운 정치 세력이 나타나니까요. 고조선은 사라졌지만 오히려 새로운 나라들이 등장하면서 역사는 또 한 번 요동치게 됩니다.

신화이야기

정말로 사람이 알에서 태어났을까요?

: 같은 감정을 느끼며 연대감을 키우는 인간의 역사 :

부모님께 태몽 이야기를 들어본 적이 있나요? 엄마나 아빠가 꾸기도 하고 때로는 가까운 친척이 대신 꾸기도 하는데, 과학적인 근거가 있는 것은 아니지만 여전히 많은 사람들이 태몽을 기분 좋은 징조로 받아들이고는 해요. "꿈에 예쁜 밍크 고래가 나타나서 품에 안겼는데 얼마 후 너를 갖게 되었어. 소중한 나의 아가야~"와 같이 여러분에 대한 부모님의 특별한 애정을 드러내는 주제가 되기도 하지요. 꼭 태몽이 아니더라도 어린 시절에 겪은 이야기들이 가족 가운데 두고두고 회자되는 경우도 많아요. 아빠가 매우 어려운 일을 겪었는데 우리가 태어난 이후에 상황이 좋아졌다든지, 어릴 때 놀다가 크게 다쳤는데 극적으로 나았다든지, 가족마다 한두 개쯤은 아이의 탄생과 성장에 얽힌 특별한 사연들을 가지고 있답니다. 이런 이야기를 나누다 보면 가족 사이가 더욱 애틋해지는 느낌이 들기 마련이에요.

꼭 같지는 않더라도 이와 비슷한 일은 사회에서도 많이 일어나요. 우리나라의 경우 존경하는 인물을 물어보면 세종 대왕, 이순신 장군 등을 많이 이야기해요. 백성을 위한 통치를 하고, 나라를 구하기 위해 목숨을 바친 인물들이죠. 비슷한 인물로 정조도 있고 곽재우 의병장도 있어요. 학교에서 이런 인물들을 배우고 나면 한민족의 자부심을 느끼게 돼요. 일본 제국주의의 침략으로 나라를 잃었을 때 이토 히로부미를 처단하는 등 일본과 맞싸웠던 안중근 의사, 김구 선생과 같은 위대한 독립운동가에 대한 존경과 사랑은 학교뿐 아니라 방송을 통해서도 쉽게 확인할 수 있어요. 4·19혁명이나 5·18민주화운동 같은 사건도 우리나라가 민주주의 국가로 발전하는 데 중요한 사건이었고 이를 기념하는 영화도 많이 만들어졌답니다.

가족이 되었건 민족이 되었건 함께 어떤 사건이나 누군가를 기억하는 모습은 너무 익숙하고 당연한 풍경이에요. 아마도 사람이 가진 특징 때문일 거예요. 과거의 일을 회상하면서 같은 감정을 느끼고 연대감을 누리는 존재인 것이지요. 이 과정을 통해 우리만의 특별함을 찾으려는 태도 또한 인간의 고유한 특징이에요.

: 고조선과 단군 신화 :

아주 먼 옛날 이 땅에서 역사가 시작되던 때도 마찬가지였어요. '우리는 특별해!', '우리만의 멋지고 훌륭한 역사가 있어!' 이런 의식은 나라와 집단마다 다양한 이야기를 만드는 동력이 돼요. 그렇게 만들어진 이야기를 오늘 우리는 '신화'라고 부릅니다. 단군 신화, 주몽 신화, 김수로왕 신화, 박혁거세와 김알지 신화 등 여러 이야기들이 있어요. 지금처럼 과학이 발전하거나 합리적인 생각을 하던 시대가 아니었기 때문에 믿기 힘든 내용들도 있지만 당시에는 무척 진지하게 사실로 받아들여졌답니다.

가장 유명한 신화는 단군 신화예요. 환인의 아들 환웅이 세상을 다스리기 위해 이 땅에 내려옵니다. 혼자 내려오지 않고 풍백, 우사, 운사 등 여러 관리들을 거느리고 내려왔어요. 환웅이 세상을 다스리자 호랑이와 곰이 찾아왔죠. 사람이 되고 싶다는 거예요. 환웅은 100일 동안 쑥과 마늘만 먹으면 사람이 될 수 있다고 가르쳐 줍니다. 호랑이는 이를 참지 못했기 때문에 사람이 되지 못했지만 곰은 성공했어요. 여성이 되었는데 웅녀라고 불렀어요. 결국 웅녀는 환웅과 결혼하여 아이를 낳았고, 그가 고조선의 시조인 단군입니다. 아마 많이 들어본 이야기일 거예요. 환상 같은 이야기처럼 느껴지겠지만 신화를 전문적으로 연구하는 학자들은 단군 신화를 자세히 분석했답니다.

우선 환웅은 하늘에서 내려왔잖아요? 하늘에서 내려왔다는 환웅 부족만의 특별한 선민의식이 있는 거예요. 내려올 때 혼자 오지 않고 바람과 구름과 비를 다스리는 사람들을 데리고 오지요? 바람, 구름, 비는 농사를 짓는 데 가장 중요한 요소들이에요. 환웅 부족이 농업을 중시했음을 알 수 있는 대목이에요. 환웅이 곰하고 결혼하는 것은 아마도 호랑이나 곰의 **토템 신앙**을 의미하는 것일 거예요. 호랑이나 곰을 섬기는 특별한 부족이란 말이죠. 결국 천신숭배사상을 가진 사람들 즉, 하늘을 지배하고 하늘에서 내려온 환웅을 섬기는 집단과 곰을 섬기는 집단이 연합해서 고조선을 세웠다고 해석한답니다. 단군의 통치 이념 '홍익인간'은 '널리 사람을 이롭게 한다.'는 말인데, 좋은 의미이면서도 지배자가 백성을 통치하는 시대가 왔다는 것을 알 수 있는 문장이기도 합니다.

> **토템 신앙**
> 부족 또는 씨족과 특별한 관계가 있다고 믿는 동물이나 식물, 자연물을 신성하게 여기는 사상이에요.

신화는 역사가 아니에요. 실제로 일어난 사건들로만 쓰여진 것이 아니라 당시의 비합리적이고 비과학적인 믿음이 뒤엉켜 있어요. 더구나 자신들의 권력이나 권위를 **합리화**하기 위하여 지어낸 이야기들도 있고요. 이런 것들을 연구하고 분석하는 것이 신화학입니다. 그렇다고 신화가 새빨간 거짓말은 아니에요. 앞에서 분석한 것처럼 당시의 시대상이 반영되어 있고, 일부는 사실인 것도 있어요. 지금과는 다르더라도 그때는 당연한 세계관이었으니까요.

> **합리화**
> 어떤 일이나 생각이 정당한 것이라고 믿는 것을 말해요.

고조선은 멸망했지만 만주와 한반도에는 여러 나라들이 등장합니다. 우선 만주에는 부여와 고구려가 등장했어요. 만주는 한반도

에 비해 훨씬 척박한 땅이에요. 한반도보다 북쪽에 있기 때문에 겨울에는 영하 30도까지 떨어질 정도로 매우 추워요. 벼농사를 짓기 어렵죠. 그렇다고 중앙아시아처럼 사막이나 초목지대 수준은 아니어서 밭농사는 가능하답니다. 또한 목축이 발달했어요. 밭농사와 목축을 병행하며 살아가는 지역이죠. 중국 북부하고도 가깝지만 여러 집단이 모여서 민족으로 발전하였고 그중 일부 세력은 국가를 세우기도 했답니다. 부여와 고구려의 경우는 고조선의 유민들, 예맥족이라 불렸던 만주 지역의 사람들이 중심이 되어 만들어진 나라에요. 또한 숙신, 말갈 같은 부족들도 함께 살았답니다. 부여는 고구려에 흡수되고 나중에는 발해가 고구려를 계승하게 돼요. 고조선이 멸망한 이후에도 한민족의 역사가 만주 일대와 한반도 북부에서 1,000년 이상 이어졌던 것이지요(71쪽 지도 참고). 하지만 한반도에 비해 만주의 역사는 조금 복잡해요. 숙신이나 말갈은 나중에 여진족, 만주족으로 발전하면서 금나라, 청나라 같이 별도의 나라를 세우기도 해요. 중국이 강성할 때는 요동과 남만주 일대까지 쳐들어와서 자신들의 영토로 만들기도 했어요. 또한 흉노, 돌궐 같은 유목민족이 탐내기도 했고 작지만 동호족, 해족 등 다양한 부족들이 저마다의 역사를 일구기도 했답니다. 중국 문명과 북방 민족들의 활동지 그리고 우리 민족의 활동 영역이 겹치는 곳이 만주랍니다. 19세기가 되면 러시아가 시베리아를 개척하면서 하얼빈 같은 도시를 만들고 연해주를 자신들의 땅으로 만들어버리기까지 하니까 만주 지역의 역사는 무척이나 복잡합니다.

: 고구려와 주몽 신화 :

고구려 하면 아마 '주몽'이 떠오를 거예요. 주몽은 해모수와 유화부인의 아들인데 알에서 태어났어요. 사람이 알에서 태어나는 게 이상하잖아요? 그래서 이 알을 버리니까 동물들이 와서 보호해 줍니다. 알을 깨고 주몽이 태어났는데 활 솜씨가 대단했어요. 주몽은 부여 금와왕의 아들로 지내다가 다른 왕자들의 미움을 받고 탈출해요. 자신을 따르는 무리를 데리고 새로운 나라를 세우려고 한 것이지요. 도망하던 중에 강이 길을 막았는데 주몽이 하늘에 기도를 하자 물고기와 자라가 다리를 만들어서 건널 수 있었어요. 여러 위기를 극복한 끝에 졸본에 정착했는데 이 지역의 맹주였던 소서노와 결혼하여 고구려를 세웠답니다.

> **맹주**
> 동맹을 맺은 사람이나 단체의 우두머리를 말해요.

주몽 신화는 보통 고구려 건국 신화로 알려졌어요. 하지만 부여를 세운 동명왕 신화도 내용이 거의 비슷하답니다. 이 밖에도 비슷한 이야기가 여러 편 전해지기도 해요. 아마도 부여와 고구려가 세워질 무렵에 만주에서 만들어진 신화인데 세월이 흐르면서 이야기가 뒤섞인 것 같아요. 잘 알려지지 않은 사실 중 하나는 주몽이 이름이 아니라는 점이에요. 주몽은 '활 잘 쏘는 사람'이라는 일종의 별명이에요. 어떤 기록을 찾아봐도 주몽의 본명은 남아 있지 않습니다. 활을 잘 쏜다는 것은 탁월한 전쟁 지도자였음을 의미합니다. 알에서 태어났으니 신비스러운 인물이기도 하죠.

알에서 태어난 인물은 주몽뿐이 아니에요. 신라를 세운 박혁거세, 가야를 세운 김수로 모두 알에서 태어났죠. 신라 건국 신화에 나오는 김알지의 경우 상자 속에 들어 있었지만 근처에서 닭이 울고 있었거든요. 알에서 태어난 것과 비슷하지요? 정상적인 과정을 거치지 않고 알에서 태어났다는 것은 아마도 특별한 탄생을 강조하기 위해서 지어낸 이야기일 거예요. 이처럼 특별한 탄생을 강조하는 이유는 무엇일까요? 정확한 정답은 없으니 각자 그 이유를 생각해 보는 것도 좋을 것 같아요.

흥미로운 점은 주몽이 위기에 처했을 때 하늘이 응답하고 물고기와 자라가 나타나서 다리를 만들어 줬다는 장면이에요. 만주에는 쑹화강(송화강)이라는 긴 강이 흘러요. 부여와 고구려를 가로지르는 큰 강인데 매해 연어 떼가 이곳에 몰려온다고 해요. 연어는 강에서 태어나서 바다로 나아갔다가 돌아오는 독특한 습성을 가지고 있어요. 덕분에 해마다 쑹화강은 때가 되면 연어로 가득 찬답니다. 주몽이 하늘의 도움을 받아 강을 건널 수 있었던 것이 정말로 연어 떼가 다리를 만들었기 때문이라고는 볼 수 없겠죠. 하지만 쑹화강의 자연환경과 맞닿는 부분이 있는 것은 사실이에요. 흥미롭지요?

주몽은 고구려를 건국한 후 인근의 유력한 집단과 싸워서 승리합니다. 부여에 살면서 온갖 어려운 일을 겪은 후에 독립에 성공한 것이지요. 이후 주몽을 따라오지 못했던 그의 아내와 아들 유리가 20여 년 만에 졸본에 옵니다. 주몽이 부여를 떠나올 때 자신의 검을 쪼개서 아들한테 주고 왔거든요. 아들 유리가 가져온 검 조각이 주몽의 검과 일치한 거예요. 주몽의 입장에서는 친아들이 살아 돌아왔기 때문에 얼마나 기뻤겠어요. 결국 유리가 고구려의 두 번째 왕이 된답니다. 그러자 오랫동안 주몽과 함께 살았던 소서노는 아들 비류와 온조를 데리고 한반도로 내려온답니다. 그리고 소서노의 둘째 아들 온조가 백제를 세우게 돼요.

한편 고구려는 부여와 오랜 기간 경쟁하게 된답니다. 만주 지역의 패권을 두고 두 나라가 수백 년간 갈등을 벌이게 되는 것이지요. 주몽에 의하여 고구려가 만들어지고 다시 고구려와 부여, 고구려와 백제라는 새로운 관계가 생기게 된 거예요. 만주와 한반도에 다양한 나라들이 생기면서 새로운 역사가 요동치기 시작했답니다.

연맹왕국 시대와 다양한 법과 질서

과거의 악법을
어떻게 바라봐야 할까요?

: 과거의 한계를 극복하며 발전하는 역사 :

드라마나 영화를 보면 조선 시대를 배경으로 사극이 많이 만들어져요. 한복을 입고 '하셨소?', '그러하오.' 같은 격조 있는 말투로 대화를 나누는데 낯설면서도 흥미롭죠. 우리 민족의 역사라고는 하지만 지금과는 정말 많이 다릅니다. 지금처럼 반팔 티셔츠나 후드티 등 개성과 스타일에 따라 다양한 옷이 있는 것도 아니었어요.

　왕은 투표로 뽑는 것이 아니라 혈통이 중요해요. 조선의 경우 이(李)씨만 왕이 될 수 있었죠. 그것도 전주 이씨 중에 이성계의 후손만 왕이 될 수 있었어요. 임기도 없고 죽을 때까지 왕 노릇을 했지요. 양반들은 과거 시험을 통해 관료가 될 수 있었는데 여성들은 아무리 머리가 좋고 능력이 있어도 응시할 수 없었어요. 여성뿐만 아니라 천민들도 마찬가지였어요. 시험은 문과와 무과로 나뉘는데 일반 관료를 뽑는 문과를 우대했고 군인들을 뽑는 무과를 낮게 보았죠. 따라서 서얼들은 문과 시험을 보지 못했어요. 서얼이 뭐냐고요? 양반 아버지와 평민 혹은 노비 어머니 사이에서 태어난 자녀를 이야기해요. 혈통이 절반만 우수하기 때문에 차별을 둔 것이지요. 양반들은 아내를 여러 명 둘 수 있었고 여성들은 사회 활동이 어려웠죠. 남성 중심의 사회였고 남녀 차별은 당연했으니까요.

지금 보면 매우 이상하고 잘못된 부분도 많지만 그때는 그러한 모습을 당연하게 여기고 살았답니다. 시대에 따라 사람들의 생각이 다르기도 했고 제도나 문화에서도 큰 차이가 있었기 때문이에요. 이러한 모습을 두고 잘못되었다고 생각하는 것은 당연해요. 역사라는 게 항상 그렇거든요. 옳다고 믿고 당연하다고 생각하는 것들이 의심받고 비판당으면서 세상이 바뀌고 발전하니까요. 우리 역사이고 사극에 비쳐지는 모습이니까 모두 옳고 모두 아름답다고 생각하는 것은 올바른 태도는 아닌 것 같아요. 다만, 오늘 우리에게도 여러 한계가 있고 우리가 살아가는 사회에 여러 문제점이 있듯 과거에도 한계와 문제가 있었겠다 정도를 염두에 두면서 과거와 오늘을 비교해 보면 좋을 것 같아요.

: 연맹왕국의 발달 :

우리나라의 정식 국호는 대한민국이에요. 줄여서 한국이라고 많이

들 부르죠. 중국인을 한족이라고 부르기도 하는데 한자가 달라요. 한족은 한(漢) 자를 쓰고 우리나라를 부를 땐 한(韓) 자를 쓴답니다. 왜 우리나라를 한국(韓國)이라고 부를까요. 삼한(三韓) 때문에 그래요. 만주에서 부여와 고구려가 탄생하던 그 시절에 한반도에서는 마한, 진한, 변한이라는 세 나라가 등장했답니다. 그밖에도 함경도와 강원도에는 옥저, 동예가 세워지니까 고조선 멸망 이후 정말 많은 나라들이 등장한 것이지요.

오해하면 안 될 것 같아요. 오늘날 우리가 국가라고 하면 정확한 국경선을 가진 영토 국가를 생각해요. 하지만 과거에는 국가의 지배력이 그렇게 강하지 못했고 국가 간 경계라는 것도 분명하지 않았어요. 마한, 진한, 변한 역시 마찬가지였고요. 마한은 경기도, 충청도, 전라도 일대에 널리 퍼져 있던 50여 개의 소국들을 부르는 말이에요. 진한의 경우 경상북도를 중심으로, 변한의 경우 낙동강 중하류 유역에 있던 10여 개의 소국들을 지칭하는 말이랍니다. 즉, 하나의 단일한 국가가 아니라 한반도에 등장한 수많은 소국들을 일컫는 말이에요. 크게는 1만 여명, 적게는 1,000여 명 정도의 사람들이 함께 의지해서 살아가는 나라들이었답니다. 그만큼 한반도에 골고루 사람들이 무리를 짓고, 마을을 건설하고, 나라를 만들어서 성장하고 있었던 셈이죠.

마한, 진한, 변한은 이후 백제, 신라, 가야로 발전한답니다. 삼국을 통일한 신라의 명장 김유신이 "삼한이 하나가 되었다."라고 주장했듯이 삼한에서 삼국이 나왔다는 것은 당시에 일반적인 생각이었어요. 통일 신라가 무너지자 후고구려, 후백제 등이 나와서 후삼국

고조선 이후 한반도에 다양한 연맹 왕국들이 생겨났어요

부여: 만주 쑹화강 유역에 건국된 연맹왕국으로. 동물들의 이름을 딴 마가, 우가, 저가, 구가라는 부족의 부족장들이 모여 왕을 뽑았다고 해요. 아직 왕의 힘이 강하지 않았어요.

고구려: 고구려 역시 순노부, 연노부, 관노부, 절노부, 계루부라는 다섯 부족이 모여 연맹왕국을 이루었어요. 이후 점차 왕의 힘이 강해져 고대 국가로 발전하게 된답니다.

옥저와 동예: 옥저는 토지가 비옥하고 소금과 해산물이 풍부한 군장 국가였대요. 동예도 면을 짜는 방직 기술이 발달했고 해산물이 많이 나는 군장 국가였고요. 강력한 왕권을 확립하지는 못했답니다.

마한, 진한, 변한: 마한은 지금의 경기도, 충청도, 전라도 지역에서 진한은 경북 지역에서 변한은 낙동강 하류 지역에 있었던 군장 국가예요. '천군'이라는 제사장의 힘도 세서 천군이 있는 '소도'라는 곳에 죄인이 숨어 들어가도 군장이 쉽게 잡으러 가지 못했대요.

시대가 되었고 이를 고려가 통일하잖아요? 후삼국시대를 고려가 통일한 거니까 한반도의 역사는 마한, 진한, 변한에서 비롯된 삼한의 역사와 밀접한 관련을 가질 수밖에 없죠. 우리나라를 부를 때 조선, 고려와 더불어 '한'이라는 말을 쓰는 것은 이러한 이유 때문이랍니다.

삼한을 비롯하여 우리 역사 최초의 나라들에 관한 기록은 거의 없어요. 김부식이 쓴 《삼국사기》가 가장 오래된 기록인데 고려 중기 때 쓰인 책이니까 최소 1,500년 차이가 있죠. 중국 측 역사서로는 진수가 쓴 《삼국지》라는 책이 있어요. 조조, 유비, 손권이 활약했던 삼국 시대에 살았던 인물이니까 시기적으로 가장 가까운 때 쓰인 책이에요. 다만, 책의 내용이 대부분 중국 관련인 데다 중국인의 입장에서 쓰였기 때문에 불확실한 부분들이 꽤 있어요. 그럼에도 불구하고 상당 부분 신빙성이 있기 때문에 많이 인용이 돼요. 이 밖에도 몇몇 자료들이 있고 유적과 유물이 남아 있으니까 **비교하고 대조**하면서 연구하고 있어요.

이들에 관해서는 어떤 기록이 남아 있을까요? 우선 나라마다 법과 제천행사가 있었어요. 고조선에도 8조로 된 법이 있었듯이 부여 역시 4조목의 법이 있었답니다. 살인자는 사형에 처하고, 물건을 훔치다 걸리면 12배로 배상하게 했어요. 그리고 질투심이 심한 여성의 경우도 처벌을 받기도 했답니다. 여성에 관한 처벌 조항은 지금으로서는 황당해요. 질투심이 강하다고 처벌을

> **비교와 대조**
> 비교란 둘 이상의 사물의 유사점과 차이점을 찾는 일이고, 대조란 둘 이상의 내용을 맞대어 같고 다른 것을 검토하는 일이에요.

고조선의 8조법과 부여의 4조목

고조선의 8조법

① 다른 사람을 죽이면 사형에 처한다.
　→ 생명(노동력)을 중시한 사회라는 것을 알 수 있어요.

② 다른 사람에게 상처를 입히면 곡물로 배상한다.
　→ 농경 사회였다는 점과 사유 재산이 있었다는 점을 알 수 있어요.

③ 남의 물건을 훔친 사람은 노비로 삼는데, 노비가 되지 않으려면 1인당 50만 전을 내야 한다.
　→ 계급이 있었다는 걸 알 수 있어요.

부여의 4조목

① 살인자는 사형에 처하고 그 가족은 노비로 삼는다.
　→ 생명(노동력)을 중시한 계급 사회라는 걸 알 수 있어요.

② 남의 물건을 훔쳤을 때는 12배를 배상하게 한다.
　→ 농경 사회였다는 점과 사유 재산이 있었다는 점을 알 수 있어요.

③ 간음한 자와 투기가 심한 부인은 사형에 처한다.
　→ 가부장적인 사회라는 걸 알 수 있어요.

받다니? 수렵 사회이기 때문에 유목민족의 영향력이 강하고 여성의 지위가 매우 낮았다고 할 수 있겠죠. 그럼에도 불구하고 법을 세우고 법에 따라서 사회를 운영하려 했다는 점에서는 의미 있는 변화라고 할 수 있어요. 이전에는 기준이 되는 법 같은 것이 없었으니까요.

제천행사는 하늘에 제사를 지내는 행위를 말해요. 지금도 설날이나 추석 혹은 할로윈이나 크리스마스를 휴일로 지정하고 축제처럼 보내잖아요? 당시 제천행사는 지금의 명절이나 축제와는 비교도 되지 않을 정도로 의미가 컸어요. 그야말로 한 민족이나 국가 구성원 전체가 함께 모여서 제사를 지내면서 그들만의 신성한 시간을 보내는 기념일로, 맛나는 음식도 함께 먹고 마시면서 몇 날 며칠을 춤추고 놀았거든요. 음악과 예술이 넘쳐나는 시간이기도 했어요.

나라마다 행사 이름은 달랐지만 시기는 비슷해요. 삼한의 경우에는 5월과 10월이었는데 오늘날 5월 단오, 10월 추석하고 같죠? 봄에 벼농사를 짓기 시작하면서 한 해의 농사를 기원하고, 가을에 추수를 하면서 풍년이 든 것에 대해 감사하는 제천행사를 한 거예요. 지금은 농사뿐 아니라 여러 산업이 발전했기 때문에 이때만큼 제천행사의 의미를 두지 않지만 그래도 추석의 경우는 꽤 비슷한 것 같아요. 고구려는 '동맹', 동예는 '무천'이라는 행사를 했는데 역시 10월이었답니다. 이에 반해 부여는 12월에 '영고'라는 행사를 했어요. 다른 지역하고는 차이가 있죠? 부여는 수렵 사회였기 때문에 농업만큼 목축도 중요하고 벼농사가 아닌 밭농사를 지었기 때문에 시기가 달랐던 것으로 추정하고 있어요.

: 가부장과 계급 사회의 풍습 :

특이한 풍습들도 많았어요. 고구려에는 서옥제, 옥저에는 민며느리제라는 결혼 제도가 있었어요. 원래 결혼은 서로 사랑해서 맺어지는 거잖아요? 하지만 고구려와 옥저에서는 달랐어요.

고구려의 경우는 젊은 남자가 결혼하고 싶은 여성이 있으면 그 집 아버지를 찾아가야 했어요. 그러면 아버지가 몇 년 동안 일을 하면 딸과 결혼하게 해 주겠다고 계약을 하죠. 계약이 성립되면 젊은 청년은 여성의 집 근처에 '서옥'이라는 작은 집을 짓고 계약 기간 동안 일을 합니다. 그리고 계약 기간이 끝나면 여성을 데리고 나오죠. 옥저는 정반대예요. 어릴 때 딸을 결혼할 남자의 집으로 보내요. 딸은 결혼할 남자의 집에서 함께 살다가 성인이 되면 결혼하게 된답니다.

무척이나 이상한 제도들이죠? 이 제도들에 관하여 학자들은 매매혼이라고 합니다. 직접 돈을 주고받지는 않지만 남자가 일을 하는 조건으로 여성을 데려오거나, 여성이 어릴 때부터 시댁에서 먹고 자라는 것이 결혼의 조건이니까요. 돈을 직접 주지 않았을 뿐이지 매매(사고팔기)를 통해 혼인했던 거예요. 이런 제도가 가능했던 이유는 지독한 가부장제 때문이었다고 봐야 해요. 혼인을 남녀 간의 자유로운 의사에 따라 결정하는 것이 아니라 아버지가 결정하면서 생겨난 현상인 것이지요.

순장 같은 끔찍한 제도도 있었어요. 귀족이 죽으면 그의 아내, 부하, 노비들을 함께 죽여서 묻는 제도에요. 너무 무섭지 않아요?

이것도 당시 사람들의 세계관 때문에 나타난 현상이에요. 우리나라를 비롯한 동아시아 사람들은 인간이 육신과 **혼과 백**으로 이루어졌다고 믿었어요. 사람이 죽으면 육신은 썩고 혼은 하늘로 올라가지만 백은 지하로 내려간다고 보았어요. 지하로 내려가면 어떻게 될까요? 현실에서 살던 삶과 똑같은 삶을 살아가는 거예요. 귀족이었다면 지하

> **혼과 백**
> 사람의 몸을 거느리고 정신을 다스리는 일종의 '넋'을 말해요.

세계에서도 귀족으로 살아가는 것이고 노비였다면 죽어서도 노비로 살아가는 거예요. 그래서 고대 사회에서는 귀족들의 무덤이 매우 거창해요. 살아있을 때랑 꼭 같이 만들어야 했으니까요. 시신을 비단으로 감싸고 온갖 금은보화로 치장하고, 무덤도 크고 넓게 만들었어요. 지역이나 나라에 따라 벽화를 그리기도 했어요. 생전에 부하나 노비로 부렸던 이들을 함께 묻어서 지하 세계에서도 귀족을 보필하게 한 것이지요. 한반도 전역에서 순장이 행해졌어요. 6세기 때 신라의 지증왕이 순장을 금지했다는 기록이 있거든요. 거꾸로 생각해 보면 이때까지도 순장이 있었다는 이야기가 됩니다.

 중국의 경우 상나라 때 엄청난 규모로 순장을 했어요. 상나라는 기록으로 확인할 수 있는 중국의 두 번째 나라예요. 황허를 기반으로 성장한 나라인데 청동기술이 대단했고 한자를 갑골이라고 불리는 뼈에다가 새기기도 했어요. 상나라의 경우는 한 번에 수백에서 수천 명을 순장하기도 했답니다. 오늘 우리로서는 이해하기도 받아들이기도 어려운 이야기들입니다.

 삼한의 경우에는 '천군'이라고 불렸던 제사장들이 있었어요. 몸

에는 청동 방울을 비롯하여 청동기로 만든 신비한 물건을 걸쳤고 '소도'라고 불렸던 특별한 지역을 관할했다고 해요. 소도는 신성한 땅이기 때문에 도둑이 이 지역에 숨어들거나 하면 천군의 허락을 받지 않는 한 잡아 갈 수 없었다고 합니다. 이를 두고 제정 분리 사회가 되었다고 추정하는 학자들이 있어요. 고조선을 세운 단군 같은 경우는 정식 명칭이 '단군왕검'이거든요. 단군은 제사장을 의미하고 왕검은 군사지배자를 말해요. 제정일치 즉, 왕이 하늘에 제사를 지내는 역할과 통치자의 역할을 겸한다는 건데 삼한의 경우에는 제사장이 특수 직업으로 나뉘었으니까 이 또한 중요한 사회적 변화라고 할 수 있답니다. 이렇듯 기원 전후로 만주와 한반도에는 수많은 나라가 세워졌고 다양한 문화를 바탕으로 발달해 나가기 시작합니다.

> **겸하다**
> 한 사람이 여러 일을 동시에 맡아 하는 것을 말해요.

풍납토성과 몽촌토성

역사학자의 발견과 고고학자의 발견은 어떻게 달라요?

: 역사학은 문자와 책, 고고학은 유적과 유물 :

과거에 일어났던 일을 어떻게 알 수 있을까요? 우선 기록이 남아 있어야겠죠? TV나 유튜브처럼 영상물의 형태일 수도 있겠고 신문이나 책처럼 문서의 형태일 수도 있을 겁니다. 아니면 카메라로 찍은 사진도 있겠고요. 문서보다는 영상물이나 사진이 훨씬 실감날 것 같아요. 당시 사람들의 모습이나 활동들이 카메라를 통해 고스란히 찍히니까 말이에요.

사진의 등장은 파격적이었어요. 사진이 없었던 시절에는 화가가 그린 그림밖에 없었거든요. 그림을 그리려면 시간이 많이 들지만 사진은 현장을 바로 포착할 수 있어요. 시간과 속도에서 비할 바가 아니죠. 화가가 아무리 그림을 잘 그려도 사진처럼 정확하게 그릴 수 없기도 합니다. 사진이 순간을 포착한다면 영상은 보다 생동감이 넘쳐요. 대화를 기록할 수 있고 사진보다 훨씬 입체적으로 현장감을 보여줄 수 있어요. 사진과 영상 기술은 19세기 후반부터 발전한답니다. 흑백에서 칼라로, 눈으로 보는 것처럼 생생한 기술 발전이 여전히 이어지고 있죠. 따라서 현대사를 공부할 때는 사진이나 영상물을 반드시 살펴봐야 해요.

사실 역사를 연구하는 데 가장 중요한 도구는 글로 쓰인 책, 문서예요. 문서만큼 효율적으로 많은 정보를 담을 수 있는 도구는 없거든요. 말과 문자는 달라요. 말은 사람들 간의 의사소통을 위해 자연스럽게 만들어진 건데 말이 있다고 해서 문자가 있는 건 아니거든요. 우리나라의 경우도 원래는 한문을 쓰다가 조선 시대 세종 때 한글이 만들어지면서 우리말을 우리글로 표현할 수 있게 된 거잖아요? 사람들의 생각이나 사람들 사이에서 일어나는 일 등 세상에 넘쳐나는 온갖 이야기를 문자를 바탕으로 문서로 만드는 것은 오직 인간만이 하는 특별한 행동이랍니다. 이러한 노력이 있기 때문에 과거를 기억할 수 있는 거고요. '기록이 없으면 역사도 없다.'라는 말이 있듯 인간의 역사는 문자의 발명, 책의 등장과 함께 성장했답니다.

그렇다면 문자가 없었던 시절에 관해서는 어떻게 연구할까요? 혹은 문서가 극히 적었던 고대 사회에 대해서는요? 땅을 파고 유적과 유물을 확인하며 당시의 생활상을 추적하는 고고학이라는 학문이 있어요. 역사학은 문자와 책, 고고학은 유적과 유물! 이렇게 기억하면 편할 것 같아요.

: 고고학이 밝혀낸 마한의 수수께끼 :

백제 이야기를 해 볼게요. 부여를 탈출한 주몽이 졸본이라는 지역에 정착해서 고구려를 세웠잖아요? 혼자 세운 게 아니라 먼저 정착해 있던 소서노와 함께 세웠어요. 소서노는 주몽보다 연상이었고 사별한 전 남편 사이에서 비류와 온조라는 두 아들을 두었답니다. 그럼에도 불구하고 주몽과 소서노는 의기투합하여 나라를 잘 이끌었어요. 하지만 주몽의 친아들 유리가 오면서 상황이 악화되었어요. 주몽은 유리를 후계자로 세우고 싶어 했고 이 때문에 소서노와 갈등이 생겼던 것이죠. 더구나 유리가 고구려에 온 후 5개월 만에 주몽이 갑자기 죽어요. 상황을 수습해야 할 중요한 인물이 사라져 버리니 갈등은 더욱 심해졌겠죠? 소서노는 두 아들과 함께 고구려를 떠나 남쪽으로 내려온답니다. 학자들은 유리를 중심으로 한 세력과 소서노를 중심으로 한 세력이 충돌하다 결국 소서노 일파가 패배해서 떠났다고 분석합니다.

소서노와 두 아들 비류와 온조는 한반도 중부 지역까지 남하해요. 비류는 인천 쪽에서 자리를 잡으려 하지만 실패했고 온조는 한강 유역에서 백제라는 나라를 세우는 데 성공해요. 오늘날 서울과 경기도 그리고 충청도와 전라도에는 이미 마한 세력이 있었잖아요? 이런 상황에서 북쪽에서 내려온 이주민이 나라를 세운다? 쉬운 문제가 아니었어요. 하지만 온조는 여러 역경을 극복하고 마한을 주도하는 목지국과의 싸움에서 승리를 거둔답니다.

뒤늦게 시작했지만 백제는 빠르게 성장합니다. 경기도 일대의 마한 세력을 흡수하고 충청도, 전라도 일대까지 세력을 뻗어 나갔어요. 수백 년이 걸리는 과정이었는데 여하간 백제가 성장하는 만큼 마한은 경기도를 잃고 충청도에서 쫓겨납니다. 5세기까지 전라도 영산강 일대를 중심으로 마한은 독자적인 세력을 유지했어요. 하지만 6세기 들어 최종적으로 백제에 복속되면서 사라지고 만답니다.

흥미로운 점은 문서에 남겨진 기록과 고고학을 통해 발견된 사실에서 차이가 있다는 거예요. 기록을 보면 4세기 근초고왕 때 마한은 백제에 흡수되거든요. 다른 기록에는 마한이 이보다 일찍 사라졌다고도 해요. 그런데 1990년대 이후 우리나라의 고고학이 비약적으로 발전하면서 마한의 유적이 대거 발굴된 거예요. 그런데 멸망했다고 하는 마한 세력의 유적과 유물이 전라도를 중심으로 한반도 남부에 대거 남아 있었답니다. 집터의 모양, 사용하는 유물의 형태, 무덤의 모양 등등 모든 면에서 백제하고는 달랐어요. '아, 기록에는 마한이 멸망했다고 했지만 사실은 아니었구나! 오히려 영산강을 중심으로 여전히 마한은 번성하고 있었구나!' 고대사의 부족한 기록을 고고학을 통해 밝혀낸 쾌거랍니다. 마한은 자신들의 역사를 기록으로 남기지 못했어요. 더구나 백제에 복속되었기 때문에 아무도 마한을 기억하지 않았지요. 하지만 현대 학문의 성과를 통해 고구려, 백제, 신라 그리고

> **복속**
> 복종하여 따른다는 의미입니다.

가야와는 다른 마한이 있었다는 사실이 입증되었고 박물관에 가서 그들만의 독자적인 모습을 확인할 수 있게 되었어요. 이런 게 역사 공부의 매력인 것 같아요. 비록 실패하고 패배한 나라지만 그들을 기억하고 그 가치를 인정해 주는 것. 멋지지 않나요?

: 풍납토성과 몽촌토성의 발견 :

고고학이 해결한 문제가 또 있어요. 백제의 수도가 어디인가 하는 문제가 오랫동안 논란이었거든요. 고구려나 신라의 수도는 정확히 알 수 있었던 데 반해 백제는 모호했어요. 한강이 워낙 크고 길잖아요? 한강 유역에 정착했고 처음에는 하나의 성을 쌓았으나 나중에는 성을 하나 더 쌓았다 정도가 기록의 전부였거든요. 꽤 오랜 기간 많은 사람들이 경기도 하남시가 백제의 수도라고 생각했어요. 조선 후기 하남시 일대가 번성했었거든요. 조선 시대에도 한강 일대에는 하남시가 번창했으니 과거에도 그랬겠지 정도로 생각한 거예요. 문제는 하남시에서 백제 관련 유적과 유물이 그다지 많이 나오지 않았다는 점이에요. 수도라면 왕궁, 제단, 귀족들의 집처럼 규모가 크고 호화로운 집터가 많이 나오고 무덤 또한 많이 나와야 하거든요. 중국이나 일본에서 수입한 호화로운 물품부터 왕과 귀족들만 사용하는 온갖 특별한 물건들이 나와야 하는데 그런 게 없었어요.

여러 추측만 무성한 가운데 1990년대 후반 서울시 송파구 풍납동 일대에서 집을 짓기 위해 땅을 파다가 놀라운 발견이 일어나요. 백제 관련 유물이 쏟아져 나왔거든요. 이를 계기로 풍납동 일대에

몽촌토성과 풍납토성 알아보기

풍납토성　　몽촌토성　　방이동 고분군　　석촌동 고분군

청동 초두

풍납토성 토기

- 풍납토성에서 나온 일종의 냄비예요. 세 개의 다리가 달려 있고 긴 손잡이 끝에는 용머리 장식이 있어요. 음식을 끓일 때 사용했다고 합니다.

- 백제의 관직 이름인 '대부'라는 글씨가 쓰여 있어요.

083

대한 체계적인 조사가 진행된답니다. 풍납동에 백제 시대에 만들어진 토성이 있었다는 사실은 원래 알고 있었어요. 그런데 연구를 진행해 보니까 토성의 규모가 당시 어떤 지역과도 비교할 수 없을 정도로 엄청나게 크다는 사실을 알게 되었어요. 벽의 높이가 10미터를 넘고 폭이 40미터가 넘을 정도였으니까요. 왕궁, 제단, 귀족들의 집터 등이 발굴되었고 다른 지역에서는 발견되지 않는 최고 수준의 도자기와 장신구 등 각종 유물이 나왔답니다. 수도에서만 나올 수 있는 유적과 유물이었던 것이지요.

나중에는 '환호'라는 것도 발견되었어요. 환호는 마을을 둘러싼 담벼락을 생각하면 좋을 것 같아요. 수십, 수백의 사람들이 외부로부터의 침입을 막고자 마을 전체를 담벼락으로 둘러싼 방어시설이 환호예요. 처음에는 수십, 수백의 사람들이 모여 살면서 자신들을 지키기 위해 환호를 만들었고 나중에는 인구가 늘고, 농업이 발전하고, 제도가 만들어지면서 토성을 세운 거예요. 마을에서 국가로, 환호에서 토성으로 거대한 변화가 있었던 것이지요.

풍납토성은 '판축 기술'로 만들어졌어요. 나무로 만든 판에다 흙과 여러 재료를 넣고 단단하게 다지는 방식인데 일종의 '흙판' 수만 개를 만드는 거예요. 도로에 까는 보도블록을 생각해도 좋을 것 같아요. 그렇게 만들어진 흙판 수만 개를 쌓으면서 성을 만들고 주요 도로를 만들었어요. 백제가 단단하고 강력한 성을 가진 고대 국가로 발전하게 된 것이죠.

기록을 보면 나중에 성을 하나 더 만들었다고 했잖아요? 그게 몽촌토성이에요. 현재는 올림픽 공원으로 사용되고 있는데 원래 이곳은 토성이었어요. 풍납토성이 강변에 있다면 몽촌토성은 좀 더 안쪽으로 이동해서 구릉지에 성을 만들었어요. 고구려, 신라와의 전쟁이 반복되면서 방어하기에 유리한 형태의 새로운 성을 만들었던 것 같아요. 현재 올림픽 공원에 가면 그 규모를 짐작할 수 있어요. 풍납토성 못지않게 거대한 규모예요. 다만, 성벽에 흙을 덮고 나무를 심었기 때문에 아름다운 언덕 정도로 느껴지지 토성의 위용이 드러나진 않는답니다.

　　백제는 왜 이곳에 정착했을까요? 고구려의 졸본이 압록강 근처에 있잖아요? 이곳에서 쭉 내려오면 평양 일대에 한무제가 건설한 낙랑군이 있답니다. 함경도와 강원도 쪽에는 옥저와 동예가 있고요. 한반도 북부에 새로운 나라를 건설하기 쉽지 않았던 것이지요. 보다 남쪽으로 내려가면 마한, 진한, 변한이 있으니 이곳에 정착하는 것도 어려웠고요. 비류의 경우 인천 쪽에 정착하려 했는데 큰 강과 좋은 농토 그리고 마을을 꾸릴 넓은 땅을 구하기에는 어려운 지역이었어요. 온조의 경우에는 여러 외적으로부터 거리를 두면서도 나라를 세우기에 적합한 땅을 확보할 수 있었던 것이지요. 앞에는 거대한 한강이 있고 좌우로는 탄천, 성내천, 고덕천 같은 여러 지류가 흐르기 때문에 식수를 구하기도 좋아요. 마을이 만들어지기에도 좋고 농사를 짓기에도 유리한 것이지요. 더구나 강은 적을 방어할 때도 좋아요. 적군이 강을 건너와야만 하니까 행동이 느려질 수밖에 없고 이때 활을 쏴서 적을 물리칠 수 있으니까요.

고단하고 복잡했던 신라와 가야의 건국 이야기

전쟁에선 누가 이겨요?

역사를 공부할 때는 지도가 필수예요. 지도를 살펴보면 사람들의 행동이 이해가 되고 한 나라와 그 민족의 미래까지도 알 수 있답니다.

예를 들어 볼게요. 고대 그리스의 경우 지중해가 중요했어요. 한가운데 거대한 지중해가 딱 버티고 있고 그리스 반도, 발칸 반도, 이탈리아 반도, 아나톨리아 반도 그리고 여러 섬들이 있었죠. 바다가 가운데 있고 주변에 땅이 있는 구조에요. 그러다 보니 해안 도시가 발전할 수밖에 없었어요. 해안에 '폴리스'라고 불리우는 도시 국가를 건설하고 배를 띄워서 무역을 하거나 물고기를 잡으면서 생활을 하는 것이지요. 여러 폴리스들이 생기니까 서로 경쟁을 할 수밖에 없었는데, 대부분의 승부는 바다에서 결정이 났어요. 물론 농사도 짓고 육지에서 전쟁도 했지만 지중해가 워낙 크기 때문에 배를 타고 빠르게 이동해서 작전을 전개하는 게 중요했거든요. 강력한 해군을 보유하고 능숙하게 바다를 가로지르지 않고는 지중해의 주인이 될 수 없었던 것이지요.

이에 반해 중국의 상황은 전혀 달랐어요. 황허강과 양쯔강이 가로지르는 거대한 대륙이 있고 그 끝에 바다가 있으니까 바다의 중요성은 크지 않았어요. 황허 근처에는 위수, 회수와 같이 거대한 강들이 많았고 관중평원, 중원평원 등 드넓은 땅도 많았어요. 양쯔강 쪽도 마찬가지고요. 진나라, 제나라, 초나라 등이 이러한 곳을 기반 삼아서 강력한 나라를 만들었거든요. 거대한 강과 평원을 바탕으로 많은 인구와 병사를 거느린 나라들끼리 자웅을 가리는 것이지요. 결국 기원전 2세기에 진시황이 천하를 통일하면서 중국은 황허와 양쯔강을 아우르는 거대한 나라가 되었답니다. 고대 로마가 지중해를 지배하면서 유럽의 제국이 되었던 것과는 차이가 있죠.

: 지리를 알면 역사가 보인다 :

우리나라의 경우도 마찬가지예요. 고조선이 멸망한 이후 여러 나라들이 생겼잖아요? 각자의 처지가 너무 달랐어요. 고구려의 경우는 서쪽으로는 중국 세력을 상대해야 했고, 동쪽으로는 부여와 경쟁해야 했죠. 여러 북방 민족들도 있었고 남쪽으로는 옥저와 동예 그리고 한나라 때 만들어진 낙랑군 같은 한4군도 있었어요. 수많은 국가들이 치열하게 싸워야만 했던 것이지요. 옥저나 동예의 경우는

지중해 국가와 중국은 이렇게 달라요!

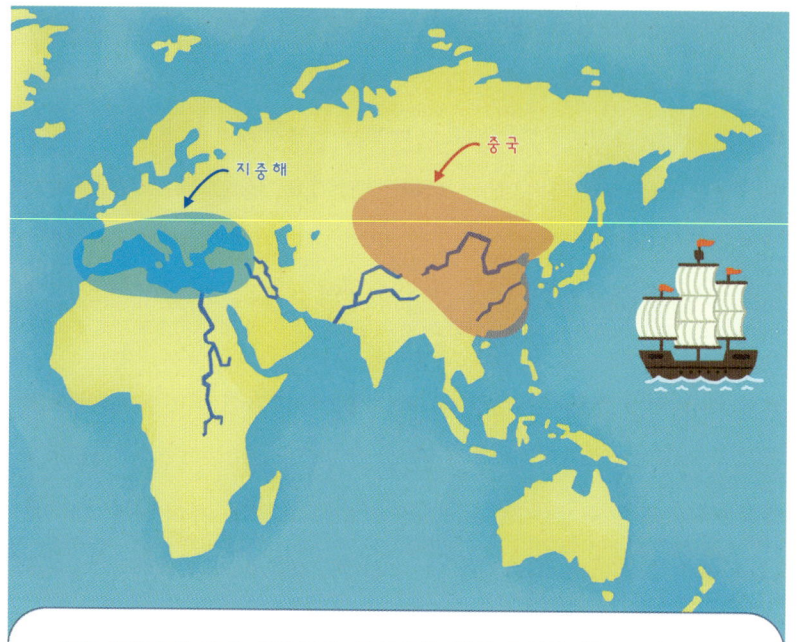

고대 그리스의 경우 지중해를 중심으로 해안 도시인 '폴리스'가 발달하다 보니 바다를 장악하는 나라가 강해질 수밖에 없었던 반면, 대륙인 중국에서는 거대한 강과 평원을 바탕으로 많은 인구와 병사를 거느린 나라들이 발달할 수 있었답니다.

나라를 세울 수는 있지만 발전하기에는 불리한 구조였어요. 앞에는 거대한 동해 바다가 있고 위쪽으로는 고구려와 부여같이 강한 나라들이 있었으니까요. 커나가기 어려웠던 것이지요. 결국 옥저와 동예는 고구려에 복속되고 만답니다. 백제의 경우는 앞에서 말했던 것처럼 북쪽으로는 고구려와 낙랑군, 남쪽으로는 마한을 상대해야 했어요. 자신들이 처했던 지리적인 상황에서 주변 국가와 싸워 이기면서 발전했던 거예요.

역사 공부를 할 때 가급적 지도를 자주 볼 필요가 있어요. '아, 만주에는 압록강과 두만강, 쑹화강이 흐르고 있구나. 고구려는 이러한 강에 의지해서 발전했겠군.', '백제는 한강이고 마한은 금강과 영산강이네. 그러면 신라와 가야는? 아! 낙동강이 중요하구나.' 어차피 강가 근처는 좋은 농토와 녹지가 많으니까 강을 찾아서 지도를 보면 매우 흥미롭답니다. 유럽의 경우는 남쪽으로는 지중해가 있고 북쪽으로는 북해가 있어요. 서쪽으로는 대서양이 있고요. 그러니 바다를 경영하는 게 중요할 수밖에 없겠죠. 중국이나 인도의 경우 대륙 자체가 어마어마하게 크고 거대한 강들이 많기 때문에 유럽과는 다른 역사로 발전할 수밖에 없었어요. 이집트나 메소포타미아의 경우 사막이 가로막고 있기 때문에 사막을 피해서 나라가 성장한답니다. 이런 식으로 지리를 이해한다는 것은 그 나라의 역사를 이해하는 데 가장 중요한 열쇠랍니다. 어떻게 보면 '모든 민족은 지리라는 운명에 갇혀 있다'고도 할 수 있어요.

한반도의 강들

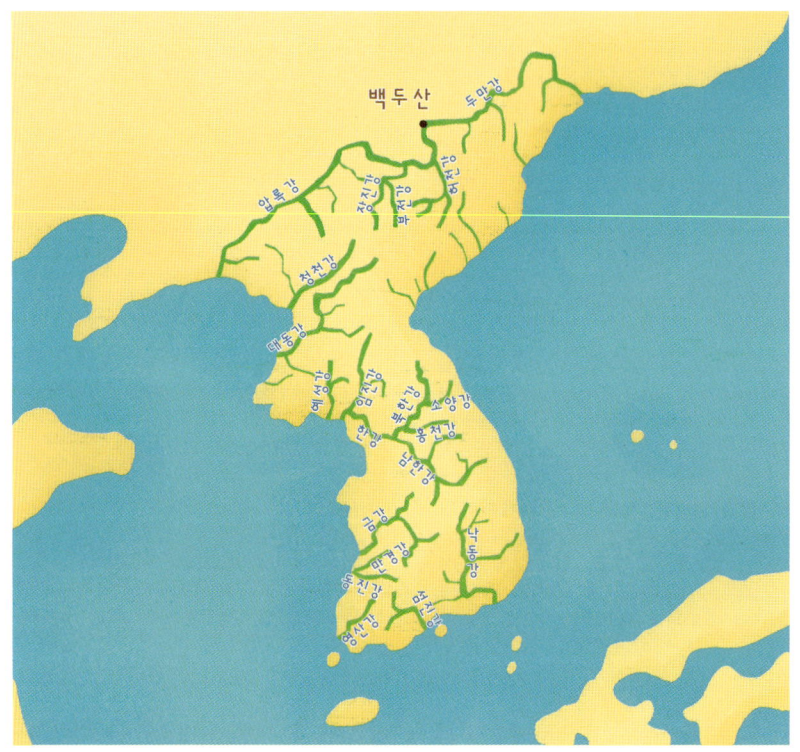

: 왜애 문물을 전한 가야 :

신라와 가야의 상황은 어땠을까요? 같은 한반도지만 고구려나 백제와는 상황이 전혀 달랐어요. 고구려의 경우 주변의 위협이 높았지만 그만큼 진출 방향도 다양했어요. 요동으로 갈 수도 있고 한반도 북부로 진출할 수도 있고 만주도 점령할 수 있었죠. 백제 역시 마찬가지였어요. 마한이 수백 개의 연맹왕국으로 분열되어 있었기 때문에 하나하나 점령하면서 세력을 확대할 수 있었으니까요. 더구나 고구려와 백제는 좋은 강들이 주변에 많았어요. 한반도 북부에는 압록강, 청천강, 대동강, 예성강, 임진강이 이어져요. 한반도 남부에는 금강, 만경강, 영산강이 있죠. 더구나 전라도 지역에는 호남평야, 나주평야 등 좋은 농토가 많았어요. 주변 나라들에 비해 빠르게 성장할 수 있는 지리적 조건이 갖추어졌던 것이지요.

신라와 가야는 입장이 달랐어요. 우선 두 나라는 진한과 변한이라는 20여 개의 소국 중 하나로 시작했어요. 여러 소국과의 경쟁에서 승리를 해야만 했죠. 지형이 험하고 평지가 적었기 때문에 주변 국가를 병합하는 게 쉬운 일이 아니었어요. 오늘날 경상도 일대인 이곳은 태백산맥, 소백산맥 등 험준한 산맥이 많고 중국이나 서역과도 멀리 떨어진 곳이에요. 선진 문물을 수용하기에 어려운 곳이었죠. 무엇보다 신라와 가야는 왜를 상대해야만 했어요.

한반도 남부에 살던 많은 사람들이 여러 이유 때문에 일본으로 이주했거든요. 중국 남부에서 배를 타고 일본으로 이주하기도 했고요. 이를 통해 일본은 조몬 시대에서 야요이 시대로 바뀌게 됩니다. 조몬 문화의 경우 일본 열도 북부에서 발전한 일본의 신석기 시대 문화거든요. 선사 시대 때 정착했던 사람들이 조몬 토기 같은 독특한 문화를 발전시키면서 자생적으로 커나갔던 것이지요. 그런데 선진 문물을 가진 이주민들이 대거 일본 열도로 이주하면서 야요이 문화라는 새로운 변화가 일어났어요. 청동기, 철기 같은 금속기가 대거 등장하고 특히 한반도의 여러 문물이 일본에 많은 영향을 미치게 되었답니다. 일본 열도에 등장하기 시작한 여러 소국들을 보

가야의 굽다리접시와 스에키 토기

통 '왜'라고 불렀어요.

왜의 경우 신라에는 매우 적대적이었고 가야와는 가까운 관계를 유지했어요. 《삼국사기》같은 기록을 보면 신라는 왜와 치열한 싸움을 벌이거든요. 이렇게 많이 쳐들어왔나 싶을 정도로 왜의 침입이 심각했답니다. 그만큼 신라의 국력이 약했던 것이지요.

한편 왜와 가야와의 사이는 좋았어요. 변한이 발전해서 가야가 되었다고 했잖아요? 변한 지역에는 철이 많이 생산되었거든요. 변한 시절부터 가야 때까지 한반도 남부의 철이 일본으로 많이 수출되었답니다. '덩이쇠'라는 철덩이들을 채굴해서 팔았는데 오늘날도 많이 남아 있어요. 철뿐만이 아니었어요. 야요이 토기라고 이 시기 일본 문화가 많은 변화를 보이는데 가야 토기와 유사해요. 가야의 문화를 적극적으로 수용했던 겁니다. 지역에 따라 나라마다 각기 다른 국제 관계가 만들어지고 있었던 셈이에요.

: 가야를 정복한 신라 :

신라의 경우 박씨, 김씨, 석씨가 돌아가면서 왕이 되었어요. 신라의 원래 국호는 사로국입니다. 진한의 여러 나라 중 하나였죠. 최초의 왕은 박혁거세였어요. 박혁거세의 아들이 '남해'였고 남해의 아들이 '유리'였어요. 주몽의 아들과 이름이 같죠? 그런데 남해의 사위가 석탈해였어요. 박혁거세의 아들인 남해가 왕이 되었기 때문에 당연히 다음은 유리가 왕이 되는 거였는데 석탈해 역시 왕이 되고 싶어 했어요. 누가 왕이 될까를 두고 치아의 개수를 따지게 된답니다. 이가 많은 사람이 덕이 많다고 하니까 떡을 씹어서 이의 개수를 세어보자고 한 것이지요. 그렇게 해보니 유리의 이가 더 많았어요. 결국 석탈해보다 덕이 높았던 유리가 왕이 됩니다. 하지만 유리가 죽은 다음에 석탈해가 뒤를 이으면서 석씨도 왕이 되죠. 나중에 가면 김알지가 등장하면서 김씨가 왕이 되기도 해요.

왜 이렇게 여러 성씨가 등장하고 조금은 황당한 치아 개수 논쟁까지 있었을까요? 우선 주목해야 할 인물은 석탈해예요. 석탈해는 신라 쪽으로 오기 전에 가야의 지도자 김수로왕과도 경쟁을 했답니다. 김수로왕에게 찾아가서 본인이 왕이 되겠다고 한 거예요. 결국 둘이 변신술로 승부를 보았어요. 석탈해가 참새가 되자 김수로가 독수리가 되었고 석탈해가 뱀이 되자 김수로가 용이 되어서 석탈해를 압도한 거예요. 결국 석탈해는 용서를 구하고 가야를 떠난답니다. 그리고 신라에 와서 기어코 왕이 된 것이지요. 치아 개수도 모자라서 변신 이야기까지 나온다고요? 신화적인 이야기들이기 때문에 분석이 필요하겠죠?

우선 석탈해가 남해나 김수로와 다투었다는 것은 그만큼 초기 신라와 가야의 왕권이 약했음을 의미해요. 장남이 왕이 되는 것이 아니라 여러 세력들이 돌아가면서 왕이 되었던 것이지요. 석탈해를 사람으로 보기도 하지만 집단으로 해석하기도 해요. 석탈해 집단이 가야에 도전했으나 패배했고 이후 신라 지역에 정착했던 것으로 이해하는 것이지요. 신라의 경우는 박씨, 석씨, 김씨가 돌아가면서 왕이 되었고 김씨 집안이 승리를 거두면서 김씨의 나라가 된답니다. 삼국을 통일한 무열왕의 이름이 '김춘추'잖아요? 진한의 여러 소국들이 치열한 경쟁을 벌이면서 결국 신라가 일대를 장악하였고 치열한 내부 투쟁 가운데 박씨, 석씨 등의 귀족 세력을 몰아내고 김씨가 강력한 왕권을 가지게 되었답니다.

가야도 복잡하기는 매한가지였답니다. 고구려의 경우 주몽이 알에서 태어났잖아요? 가야는 김수로왕을 포함해서 여섯 명이 알에서 태어났어요. 신성한 인물이 여섯 명이라니! 그만큼 소국 간의 경쟁이 치열할 수밖에 없었겠죠? 가야의 경우 연맹왕국 단계를 벗어나지 못했어요. 금관가야, 대가야 등 강력한 나라들이 등장하지만 끝내 하나의 나라가 되지는 못했어요. 그리고 6세기가 되어서 신라의 법흥왕은 금관가야를, 진흥왕은 대가야를 정복하면서 가야의 역사가 끝나게 된답니다. 여러 가야국들이 하나가 되지 못한 측면을 신라가 파고 들었던 거예요. 금관가야와 대가야의 경쟁을 이용하면서 차례차례 굴복시켰던 것이지요.

연맹왕국에서 삼국 시대로

왕의 권력이 강해지면 어떤 일이 일어나나요?

: 역사는 항상 변화하고 발전해요 :

인터넷과 스마트폰이 없는 시대를 상상해 본 적이 있어요? 놀랍게도 20년 전만 하더라도 스마트폰은 없었고 인터넷 속도도 매우 느렸어요. 지금은 집집마다 스마트폰은 물론이고 노트북을 비롯한 개인용 컴퓨터가 한 대씩은 있죠. 학교나 도서관 혹은 커피숍을 가더라도 함께 이용할 수 있는 공용 컴퓨터도 있고 아이패드나 갤럭시 탭 같은 다양한 디지털 기기를 사용하며 살고 있어요.

1990년대 중반까지만 하더라도 지금 같은 모습은 상상할 수도 없었어요. 누군가에게 연락을 하려면 집 전화기를 이용해야 했어요. 길거리에는 공중전화가 설치되어 있었고 사람들은 전화카드를

산 후 줄을 서서 차례를 기다린 후에 통화할 수 있었죠. 두꺼운 모니터에 커다란 본체를 가진 컴퓨터가 보급이 되었는데 문서를 작성하거나 간단한 게임을 하는 수준이었어요. 모뎀이라는 기기를 통해 인터넷 통신이 가능했지만 지금처럼 영상을 보거나 실시간으로 뉴스를 보거나 하는 것들은 불가능했답니다. 엄청난 속도를 자랑하는 와이파이와 쇼핑부터 음악 듣기까지 모든 것이 가능한 스마트폰이 보급되기 전까지 사람들은 직접 시장에 가야 했고 음반가게에 들러야만 했답니다. 누군가에게 연락하려면 편지나 엽서를 써야 했고요. 지금과는 참으로 달랐던 시절이에요.

조금 더 거슬러 올라가 볼게요. 18세기 후반 영국에서 산업혁명이 일어나면서 정말로 인류는 새로운 삶을 살기 시작했어요. 전기가 발명되면서 밤에도 활동할 수 있게 되었고 기차가 놓이게 되면서 먼 곳까지 여행도 가능해졌답니다. 전화기가 발명되면서 먼 곳에 있는 사람과 통화하게 되었고 비행기가 만들어지면서 사람들은 비로소 하늘을 날게 되었죠. 냉장고가 만들어지면서 음식을 오랫동안 보관하게 되었고 아이스크림같이 얼음을 활용한 간식이 등장했답니다. 세탁기가 만들어지면서 여성들이 집안일에서 벗어날 수 있었고요. 역사는 여러 가지 이유로 항상 변화하고 발전하게 됩니다. 앞에서 살펴보았던 것처럼 농업이 발전하고 문자가 발명되면서 선사시대에서 역사시대로 나아갔고, 청동기와 철기를 활용하면서 국가가 등장했습니다. 세상은 여러 가지 계기를 통해 변화하게 된답니다. 물론 지금도 변화하고 있고요.

: 중앙집권화에 성공한 세 나라 :

기원 전후로 고구려, 백제, 신라를 비롯한 여러 나라들이 등장했어요. 그리고 2~3세기 사이가 되면 수많은 나라가 차례로 사라지게 됩니다. 고구려, 백제, 신라와 싸워서 패배한 후 멸망하고 흡수당하게 된 거예요. 그만큼 고구려, 백제, 신라의 영토가 넓어지게 된 것이지요. 물론 가야와 마한은 6세기까지 멸망하지 않았습니다. 하지만 고구려, 백제, 신라가 영토를 확장해가며 급격하게 중앙집권국가로 성장한 데 비해 가야나 마한은 그러지 못했죠. 결국 가야는 신라에게, 마한은 백제에게 흡수를 당하고 맙니다.

6세기가 되면 이제 만주와 한반도에는 고구려, 백제, 신라만이 남게 돼요. 그리고 세 나라 간에 치열한 다툼을 벌인 끝에 660년에는 백제가 멸망을 하고 668년에는 고구려가 역사의 뒤안길로 사라지게 된답니다. 통일신라 시대가 들어선 거예요. 약 600년에 걸친 이 과정을 두고 보통 삼국시대라고 부릅니다.

그렇다면 고구려, 백제, 신라는 다른 나라에 비해 어떻게 강해질 수 있었던 걸까요? 중앙집권화에 성공했기 때문이에요. 중앙집권화라는 말은 왕을 중심으로 국가 체제가 정비되었다는 것을 말해요. 왕이 강력한 군사력을 갖고 귀족들을 통제하면서 본인이 원하는 대로 국가를 운영하는 시대가 도래하게 된 것이지요. 삼국을 비롯한 초기의 국가들은 처음부터 왕권이 강하지 못했어요. 주몽은 소서노와 함께 나라를 통치했고, 신라는 박씨, 석씨, 김씨가 돌아가면서 왕이 되었고, 가야는 김수로왕뿐 아니라 여섯 명이 알에서 태어났잖아요? 기록을 살펴보면 부여의 경우 동물 이름을 딴 지도자들이 국가를 운영했다고 해요. 마가, 우가, 구가, 저가 등 4개의 부족이 공동으로 국가를 운영했던 것이지요. 고구려도 5부족 연맹체였답니다. 국왕이 있긴 하지만 귀족들의 힘이 강력했던 것이지요.

그런데 어떻게 왕이 강한 힘을 가지게 된 걸까요? 우선 불가피한 상황이 이어졌기 때문이에요. 국가 간의 전쟁이 빈번해졌어요. 주몽이 부여를 탈출해서 고구려를 세웠잖아요? 주몽의 라이벌이었던 대소는 부여의 왕이 되어서 고구려를 빈번히 침범했어요. 고구려 역시 부여와 치열하게 싸웠고 수차례 전투에서 승리하면서 만주 일대의 패권을 장악해 나갔어요. 고구려는 중국 세력과도 싸움을 거듭했어요. 한무제가 만들었던 한4군이 있었잖아요? 다른 3군이 쉽게 사라졌던 데 반해 낙랑군은 평양 일대에서 오랫동안 유지가 되었거든요. 고구려 미천왕이 낙랑군을 공격하여 313년에 멸망시킵니다. 반대로 중국 위나라의 장수 관구검이 고구려를 멸망의 지경에 이르게 한 적도 있답니다. 240년경에 군대를 끌고 와서 수도를 점령하고 불태우기까지 했어요. 이때 동천왕은 옥저까지 도망쳐서 간신히 목숨을 부지했답니다.

다른 나라들도 마찬가지였어요. 백제는 경기도에 있는 마한 세력을 복속한 후 충청도에 있는 마한 세력과 싸움을 했답니다. 낙랑군이 멸망한 후 직접 고구려와 국경을 맞닿게 되면서 고구려와 백제의 갈등 또한 심각해졌답니다. 신라와 가야는 소국들을 통합하느라 분주했고 왜의 침략에 대비해야 했어요. 이렇듯 사회가 발전하고 국가가 성장하면서 이웃 국가들끼리 싸움이 빈번해지고 다툼이 격렬해지니까 그만큼 적을 물리치고 위기를 해결할 수 있는 강력한 리더십이 필요했던 거예요. 여러 귀족들이 함께 의논하면서 결정을 내리기보다는 왕에게 권한을 집중시키고 왕이 리더십을 가지고 단호하게 적과 싸워 이기는 방식이 훨씬 효율적이었어요. 고대 사회의 빈번한 전쟁은 왕권을 강화시키는 데 결정적인 영향을 미쳤답니다.

그렇다면 왕은 어떤 방식으로 자신의 권한을 강화했을까요? 왕위 세습, 율령 반포, 불교 공인 그리고 태학 설립 같은 것들이 대표적인 방법들이에요. 하나하나 설명해 줄게요.

우선 왕위를 자신의 아들에게 물려주는 거예요. 왕이 자신의 아들에게 자리를 물려주는 것이 당연하다고 생각할 수 있지만 고대 사회에서는 그렇지 않았어요. 귀족들의 힘이 강했거든요. 귀족이라면 누구나 왕위를 탐낼 수 있었고 왕이 될 수도 있었답니다. 국왕이 통치를 못할 경우에 쫓겨나는 일도 자주 있었어요. 4세기 백제의 근초고왕은 주변 국가와의 싸움에서 큰 승리를 거두며 백제의 영토를 크게 늘렸던 왕이었어요. 당연히 인기도 높았고 권위도 강력했어요. 근초고왕은 백제의 왕위세습제를 확립합니다. 오직 자신의 아들만이 다음 왕이 될 수 있고 자신의 집안에서만 왕을 배출할 수 있다는 것을 제도화한 거예요. 고구려의 경우에는 이보다 일찍 왕위세습제가 확립되었고 신라 역시 그 뒤를 따르게 된답니다.

4세기가 되면 고구려의 소수림왕은 대개혁을 단행해요. 당시 고구려의 상황이 무척이나 어려웠어요. 백제 근초고왕의 도전이 너무나 강력했는데 371년에는 군대를 끌고 와 평양성을 지키던 고국

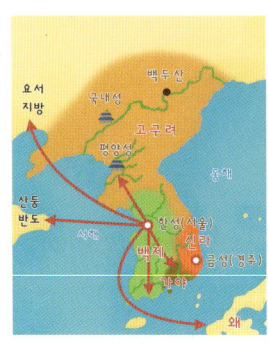

백제의 전성기(4세기)   고구려의 전성기(5세기)   신라의 전성기(6세기)

 원왕을 죽이기까지 했답니다. 평양은 한반도 북부의 핵심지역이고 고구려에 있어서 가장 중요한 요충지였답니다. 왕이 죽고 한반도 북부의 요충지까지 공격당한 거예요. 이후 즉위한 소수림왕은 복수전을 펼치기보다는 국가 기강을 확립하기 위해 제도 개혁을 단행해요.

 우선 율령을 반포합니다. 율령은 법이라고 생각하면 돼요. 오늘날 우리나라도 법이 있잖아요? 헌법이 있고, 법률이 있고 법을 지키지 않으면 처벌을 받잖아요. 소수림왕 때만 해도 법이 없었어요. 그냥 매번 하던 방식들, 관습과 문화만 있었던 거예요. 법이 없다는 말은 지켜야 할 원칙이 없다는 거고 그만큼 국가 운영이 제대로 되지 않았음을 의미합니다. 소수림왕은 당시 중국에서 만들어진 율령을 수용하여 반포합니다. 이제부터는 법에 따라 국가를 운영하겠다는 것이지요.

 또한 불교를 공인해요. 인도에서 발전한 불교를 수용하여 국가 종교로 받든 거예요. 이전까지만 하더라도 종교가 있었다기보다는 신화에 의지하는 수준이었고 부족마다 신앙이 제각각이었거든요. 하지만 불교라는 높은 정신 세계를 가진 종교가 들어오게 되고 왕을 중심으로 귀족들이 불교를 받들게 되면서 많은 변화가 일어나요. 같은 종교와 문화를 공유하게 되고 그만큼 정신 세계가 통일이 된 것이지요. 불교를 공인한 것이 왕이잖아요? 따라서 부처님을 섬기듯 왕을 섬겨야 한다는 생각도 하게 되고요. 결국 불교를 이용해서 왕권을 강화시켰던 거예요.

마지막으로 소수림왕은 태학이라는 교육 기관을 만듭니다. 이제부터는 태학에서 교육을 받은 사람들만이 관료가 될 수 있었어요. 즉, 왕이 만든 교육 기관에서 체계적인 훈련을 받은 이들만이 국가를 운영할 수 있게 된 것이지요.

자, 생각해 봐요. 새로운 법과 종교가 들어왔어요. 이제부터는 왕이 만든 법에 복종해야 하고, 왕이 허락한 불교만 믿어야 해요.

소수림왕의 개혁 정책

율령 반포: 정해진 법이 없이 기존의 관습대로 나라를 다스리던 것에서 벗어나 법을 반포해서 법에 따라 나라를 다스려요.

불교 공인: 부족마다 다른 신앙을 섬기던 것에서 벗어나 불교를 나라의 종교로 정해요. 이를 통해 부처님을 섬기듯 왕을 섬겨야 한다는 생각도 가지게 되어 왕의 힘이 강해졌어요.

태학 설립: 관료가 되려면 왕이 정한 학교인 태학에서 공부해야 했어요.

→ 국가의 체제가 발전되고 왕의 권한도 강해졌어요!

그리고 관료가 돼서 국가 지도자가 되려면 왕이 만든 태학에서 공부해야만 해요. 소수림왕의 개혁은 파격적이었어요. 새로운 제도와 종교의 도입을 통해 국가 체제를 발전시키고 동시에 왕의 권한을 강화하겠다고 생각한 것이지요. 실제로 이러한 개혁 이후 고구려는 광개토대왕, 장수왕 때 최고 전성기를 맞이하게 됩니다. 그저 전쟁을 일으켜서 이기려고 하는 것이 아니라 국가의 기틀을 다지고 체계적인 시스템을 갖춘 상태에서 적과 맞서 싸우니까 백전백승을 하게 된 거예요.

고구려 소수림왕의 개혁을 보고 백제와 신라도 뒤를 따르게 됩니다. 신라의 경우 6세기가 되면 법흥왕이 율령을 반포하고 불교를 공인하거든요. 고구려나 백제와는 다르게 불교에 대한 반발이 신라

에서는 심각했어요. 결국 이차돈이라는 인물이 나섰어요. '자신의 목을 치면 신비한 일이 일어날 테니 그것을 곧 부처님의 이적으로 알라.'라고 주장한 거예요. 실제로 이차돈을 처형하자 붉은 피가 아니라 하얀 피가 하늘로 솟구쳐 올랐고 이후 누구도 불교를 비판하지 않았다고 합니다. 사실인지는 모르겠지만 사람이 죽을 만큼 불교에 대한 저항이 컸다는 것만큼은 분명해요. 이렇듯 삼국 시대는 이전과는 다른 변화, 왕 중심의 중앙집권화를 통해 고대 국가로 발전합니다. 그렇게 삼국이 대결하는 시대가 열리게 된 것이지요.

제2장

삼국이 경쟁하며 국가를 발전시켰어요

371년
소수림왕 즉위
소수림왕이 왕위에 올라 개혁을 시작했어요.

391년
광개토대왕 즉위
광개토대왕이 왕위에 올라 영토를 크게 확장했어요.

427년
고구려의 평양 천도
장수왕의 영토 확장으로 백제와 신라가 긴장했어요.

676년
신라의 삼국통일
당과의 전투에서 승리해 한반도를 통일했어요.

774년
불국사와 석굴암 건립
신라의 불교 예술이 눈부시게 발전했어요.

818년
발해, 해동성국이라 불리다
선왕이 즉위해 5경 15부 62주라는 큰 영토를 다스려요.

불타는 경쟁의 시대, 광개토대왕 vs 진흥왕

인간은 왜 경쟁을 할까요?

: 경쟁을 통해 발전하는 국가들 :

4년마다 올림픽과 월드컵이 열리잖아요? 이때가 되면 정말 전 세계가 뜨거워지는 것 같아요. 우리나라에서도 하계올림픽 때는 양궁, 태권도, 유도 같은 종목에 관심이 집중되고 동계올림픽 때는 온 가족이 모여 앉아 쇼트트랙이나 컬링을 보기도 하죠. 월드컵 시즌이 되면 "이번에는 16강 진출이다.", "2002년처럼 4강까지 가야 한다." 뭐 이런 이야기를 나누면서 잔뜩 기대를 하고요. 다른 나라 선수의 반칙에 흥분하고, 심판의 잘못된 판정에 문제를 제기하기도 합니다. 이번에 우리나라는 금메달을 몇 개나 딸 수 있는지, 어떤 선수가 몇 관왕을 할지 등이 온통 화제가 돼요. 4년 동안 실력을 갈

고닭은 선수들이 국가 대표로 출전해서 기량을 겨루게 되니까 선수도 최선을 다할 수밖에 없고 국민들도 간절히 응원하게 되지요. 그냥 재밌게 스포츠 경기를 보기보다는 국가별로 자웅을 겨루다 보니 관심이 훨씬 높은 것 같기도 하고요.

비단 올림픽만 그런 게 아니라 세상에서 일어나는 많은 일들이 치열한 경쟁을 통해 승자를 결정해요. 우리만 하더라도 학교나 학원에서 시험을 봐서 성적표를 받고, 내신 점수도 따고, 대학 입시를 치르게 되지요. 사회에서 일어나는 대부분의 일이 경쟁을 거쳐요. 저마다 1등이 되고 싶어 하고, 갖고 싶은 것을 가지려고 하고, 남보다 더 잘 되고 싶어 하는 심리에 따라 사회가 움직이지요. 그러다 보니 승자와 패자가 나뉘고, 성공과 실패가 반복되고, 때로는 패배했던 사람이 뒤늦게 역전을 하기도 하죠. 오늘 우리가 그렇듯 과거의 사람들 또한 마찬가지랍니다. 더구나 국가와 국가 간에는 승리를 위해 전쟁을 벌이기도 하고 극단적인 경우에는 한 나라가 망하기도 하고요. 고구려, 백제, 신라는 우리 역사에서 가장 격렬한 경쟁과 전쟁을 벌였던 나라들이랍니다.

: 크게 영토를 넓힌 고구려의 광개토대왕과 장수왕 :

4세기에서 6세기 그러니까 500년에서 700년 사이는 고구려, 백제, 신라가 각자 강력하게 국력을 신장시키며 성장했던 시간이에요. 뛰어난 국왕들이 많이 등장했고 한반도를 둘러싼 패권을 두고 치열하게 경쟁했답니다. 고구려의 경우 5세기가 최고 전성기였어요. 광

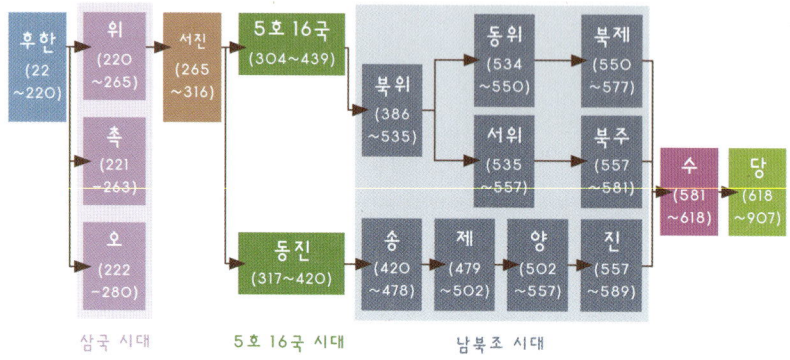

개토대왕과 장수왕이 연이어 등장하면서 만주와 한반도는 물론이고 동북아시아에서 강력한 영향력을 행사했거든요.

   당시 중국은 혼란기였답니다. 한나라가 400년간의 번성을 끝으로 멸망하고 말았어요. 조조, 유비, 손권 같은 인물들이 나와서 위나라, 촉나라, 오나라를 세웠지만 통일에는 실패합니다. 이 시기 북방 민족들이 대거 중국으로 쳐들어가요. 선비족, 흉노족, 강족, 갈족, 저족 등 여러 민족들이 밀려와서 황허강을 중심으로 한 중국의 화북 지방 전체를 점령한답니다. 무려 16개의 나라를 세우면서 흥망성쇠를 거듭했어요. 기존에 있었던 중국인들은 주로 양쯔강 이남 지역에 내려가서 새로운 왕조를 세웠고요. 결국 화북 지방에는 북방 민족들이 지배하는 나라가 들어서고 양쯔강 이남 지역에는 중국인들이 세운 나라가 등장해서 오랫동안 대립한답니다. 한나라가 망한 이후부터 이 시기를 통틀어 '위진남북조 시대'라고 합니다. 혼란을 거쳐 두 개의 중국이 들어선 분열기라고 할 수 있어요.

　그리고 이 시기가 광개토대왕과 장수왕이 활약을 했던 때랍니다. 앞서 이야기한 것처럼 소수림왕 때 다양한 개혁이 있었잖아요? 이를 기반으로 광개토대왕은 과감한 군사 원정을 감행해요. 만주 일대를 점령하며 여러 민족들을 복속시켰어요. 또한 요동 지역을 장악합니다. 중국과 한반도 사이에는 요동 반도가 있어요. 이곳에 랴오허라는 강이 흐르고요. 고조선 시절부터 랴오허를 경계로 중국 세력과 다툼이 컸거든요. 고구려 역시 뺏고 빼앗기는 치열한 열전을 벌였어요. 그리고 광개토대왕 때 비로소 요동 반도 전체를 손에 넣게 된답니다. 당시 중국은 북방 민족이 화북 지방을 점령하며 16개의 나라를 세우던 때입니다. 5개의 부족이 밀려왔기 때문에 '5호 16국 시대'라고 불러요. 중국이 워낙 혼란스러웠고 힘 있는 북방 민족들은 화북 지역을 공격하느라 여념이 없었어요. 이 점을 이용해서 광개토대왕은 영토를 크게 확장시킨답니다. 또한 광개토대왕은 한반도에 대한 영향력을 강화했어요. 신라에 쳐들어온 왜와 가야를 무찌른 후 5,000천이 넘는 군사를 신라 땅에 그대로 두고 옵니다. 신라를 속국처럼 관리했던 것이지요. 백제와의 싸움에서는 수차례 승리를 거두었어요. 백제 아신왕의 도전이 만만치 않았지만 승리를 거두었고 한강 북쪽 지역까지 영토를 확대했습니다. 한반도의 모든 나라를 무릎 꿇렸던 거예요. 엄청난 군사적 승리가 있었고 영토 또한 많이 늘어났기 때문에 '광개토', 땅을 많이 넓힌 왕이라는 이름을 갖게 되었습니다.

　장수왕 때가 되어서도 이러한 흐름은 이어졌어요. 장수왕은 90세

광개토대왕 시절의 고구려 영토

가 넘도록 오래 살았기 때문에 장수왕이라는 이름을 붙였다고 해요. 장수왕 때는 중국의 상황이 조금 달랐어요. 예전 같은 혼란은 가라앉았고 양쯔강을 경계로 중국에는 두 개의 나라가 들어서서 대립하는 구도였어요. 이를 두고 '남북조시대'라고 합니다. '5호 16국 시대'에 비해 중국이 많이 안정되었기 때문에 광개토대왕 때처럼 과감한 군사 원정을 펼칠 수는 없었답니다. 오히려 노련한 외교술이 필요했어요. 북조와 남조 사이에서 양면 외교를 펼치면서 고구려의 국익을 지키고자 노력했어요. 어차피 북조와 남조가 앙숙이고 서로가 서로를 무너뜨리려고 하니까 때에 따라 적당하게 북조 편도 들고, 남조 편도 들면서 균형 관계를 이용한 거예요. 한편 한반도에서는 군사 원정을 벌입니다. 한강을 넘어 백제의 수도를

장수왕 시절의 고구려 영토

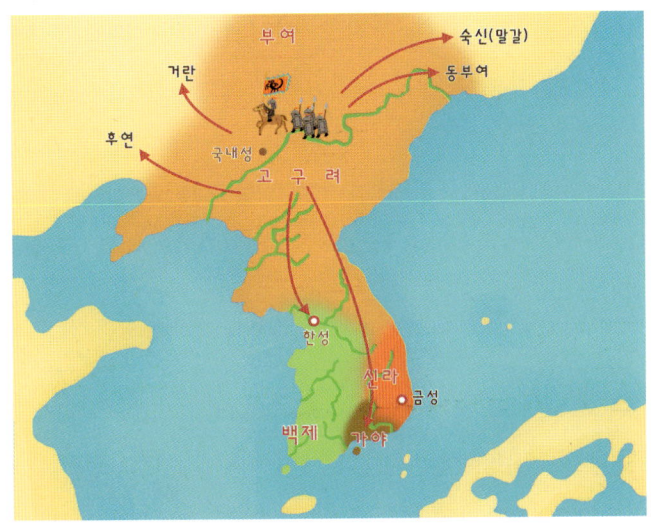

공격했어요. 백제 개로왕이 전사했고 그의 아들 문주왕이 수도를 공주로 옮기며 간신히 위기에 처한 나라를 구한답니다. 한강 이남은 물론이고 아산과 충주까지 한반도 중부 지역을 고구려가 차지하며 최고 전성기를 구가하게 된 것이지요.

: 신라의 급부상과 화랑들 :

5세기가 고구려의 전성기였다면 후발주자 신라는 6세기에 단숨에 강국으로 떠오릅니다. 지증왕, 법흥왕, 진흥왕 같은 뛰어난 인물들이 연이어 등장했어요.

　　지증왕은 국호를 신라로 바꾸고 비로소 왕이라는 칭호를 사용합니다. 이전까지는 사로국으로 불렀는데 비로소 신라라는 이름을 갖게 된 것이지요. 거서간, 차차웅, 이사금, 마립간 등 신라의 지배자들은 독특한 칭호를 가지고 있었는데 중국식인 '왕'이라는 호칭으로 통일한 거예요.

그리고 법흥왕 때 율령을 정비하고 불교를 공인하는 것뿐 아니라 군사 제도도 정비하고 가야의 주도 국가 중 하나인 금관가야를 정복합니다.

이어서 신라의 광개토대왕이라 할 수 있는 진흥왕이 등장합니다. 진흥왕은 신라의 영토를 크게 확장했어요. 그동안 고구려가 장악하고 있었던 한반도 중부 지역을 대대적으로 수복하였고 백제와 연합을 해서 한강 유역을 점령합니다. 한때는 함경도까지 진출할 정도였어요. 고구려 입장에서 당혹스러울 수밖에 없었겠죠. 오랫동안 속국처럼 지배했던 나라가 독립을 한 것도 모자라서 군대를 끌고 함경도까지 쳐들어왔으니까요. 과거 동예와 옥저가 있던 곳을 신라가 점령했으니 그 충격이 대단했겠죠?

> **수복**
> 잃었던 땅이나 권리를 되찾는 것을 말해요.

백제 또한 마찬가지였어요. 고구려가 크게 성장하자 위기를 느낀 백제는 100년이 넘게 신라와 동맹을 맺고 있었어요. 이를 나제동맹이라고 합니다. 두 나라 간의 신뢰 관계가 있었기 때문에 백제와 신라는 연합해서 고구려가 지배하고 있던 한강 유역을 점령할 수 있었답니다. 하지만 고구려는 백제와 신라를 분열시키려 했고 결국 신라가 단독으로 한강 유역을 점령하면서 나제동맹은 무너지

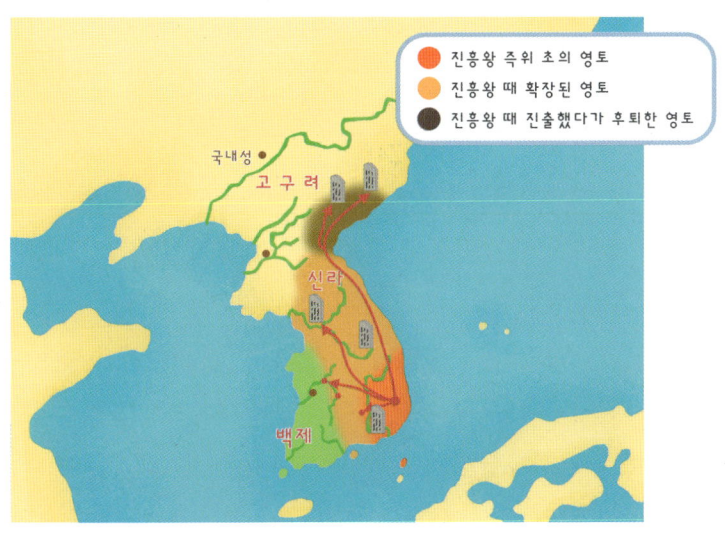

진흥왕 시절의 신라 영토

고 말아요. 이때부터 백제와 신라가 적대적인 관계가 되고 만답니다. 가야의 경우는 최악의 길을 걷고 있었어요. 금관가야에 뒤를 이어 진흥왕 때가 되면 대가야마저 정복을 당하면서 사실상 멸망의 지경에 이르고 맙니다.

　진흥왕의 성공 배경에는 화랑도가 있어요. 젊은 청년들을 화랑과 낭도라는 이름으로 조직한 거예요. 일종의 청소년 공동체가 만들어진 건데, 함께 군사 훈련도 받고 사냥도 즐기고 하니까 서로 간에 친해질 수밖에 없잖아요? 개중에 리더십이 있는 친구들은 지도자가 되기도 하고요. 끈끈한 협동심과 탄탄한 조직력이 만들어졌던 겁니다. 이사부, 사다함 그리고 김유신 같은 신라의 뛰어난 장수들은 대부분 화랑이었고 결국 이들에 의해 신라가 삼국을 통일하게 된답니다.

: 중국을 장악한 강력한 통일제국과 삼국의 외교 :

그리고 또 한 번 큰 변화가 찾아옵니다. 삼국이 격렬한 영토전쟁을 벌이고 있던 6세기 말 중국이 통일된 거예요. 589년 수나라가 중국 남북조를 통일하며 한나라 이후 약 400년 만에 중국은 다시 한번 하나의 나라가 됩니다. 수나라는 무리한 고구려 원정 등을 통해 쉽게 멸망하지만 다시 당나라가 등장하여 618년에 중국을 통일하고 907년까지 번성한답니다.

    중국에 강력한 통일제국이 등장했다는 것은 국제 관계의 커다란 변동을 의미해요. 그동안은 남조와 북조로 나뉘어 있었잖아요? 고구려는 남북조 모두를 상대로 이중외교를 벌였고 백제나 신라는 주로 남조와 친하려고 노력을 했습니다. 남북조로 분열된 상황에서 중국 사람들이 한반도 문제에 신경 쓰는 것이 쉽지 않았을 거예요. 그런데 이제 통일이 되니까 자연스럽게 만주나 한반도 문제에 관심을 가질 수밖에 없잖아요? 고구려는 중국과의 고단한 전쟁에 들어갈 수밖에 없고 이를 활용하여 **부흥**을 꿈꾸는 백제 그리고 신흥 강자 신라의 격렬한 다툼이 일어납니다. 또 한 번 세상이 요동치는 것이지요. 어느 시대에나 국제 관계는 정말 중요한 것 같아요.

> **부흥**
> 힘없이 쇠퇴하던 것이 다시 일어나는 것을 말해요.

고구려의 위대한 항쟁과 멸망

광개토 대왕릉비는 왜 중국에 있어요?

: 영원히 강한 나라는 없어요 :

우리는 종종 '안타깝다', '억울하다', '속상하다' 같은 말을 쓰곤 해요. 뭔가 뜻대로 되지 않을 때 이런 말을 사용하지요. 기대하던 일이 있었는데 안타깝게 이루지 못하는 경우에 "정말 아깝네."라고 표현하죠. 억울하다고 할 때도 비슷한 것 같아요. 과정을 가만히 들여다보면 나름 의미도 있었고 계획한 대로 흘러왔는데 몇 가지 사정이 생기면서 뜻하지 않은 결과를 맞이한 거예요. 이럴 때 속상한 기분이 들죠. '진심이 아니었는데.', '의도는 이게 아니었는데.', '기대했던 것은 이런 게 아니었는데, 왜 이렇게 된 거야!'와 같은 안타까운 감정들 말이에요.

역사도 마찬가지예요. 어떤 민족이나 국가가 정말 멋지게 성장하고 위기의 순간을 기가 막히게 돌파했는데 끝내 무너지고 마는 경우가 있거든요. 그럴 때 안타깝고, 억울하고, 속상한 기분이 들어요. 그렇다고 역사를 되돌릴 수도 없으니 마음이 아플 수밖에 없죠. 고구려의 경우가 그런 것 같아요. 매우 강건하게 커 왔던 나라가 외부로부터 시작된 전쟁에 의해 어쩔 수 없이 무너지고 말았으니까요.

: 고구려의 전성기와 발전한 문화 :

고구려는 수도를 두 번 옮겼어요. 주몽이 졸본에 정착했지만 2대 유리왕 때 압록강 근처 집안(集安) 지역에 국내성을 세웠어요. 소서노 세력과의 갈등 때문에 새로운 수도가 필요했을 수도 있고 국가가 번성함에 따라 보다 넓은 땅과 좋은 방어시설을 가진 곳이 필요했을 거예요. 이때부터 장수왕까지 고구려의 중심지는 압록강 근처에 있는 집안의 국내성이었답니다. 현재도 이곳에는 수많은 고구려 유적과 유물이 남겨져 있어요. 광개토대왕의 무덤으로 추정되는 장군총, 장수왕이 아버지의 공을 기린 광개토대왕비를 비롯하여 수많은 고구려 관련 유적과 유물이 있답니다.

역사를 연구하는 이들에게 무덤은 정말이지 최고의 보물 창고예요. 무덤을 짓는 방식에 따라 시기를 구분할 수 있고, 무덤에서 나오는 부장품을 통해 당시의 생생한

부장품
장사 지낼 때, 시체와 함께 묻는 물건을 통틀어 이르는 말이에요.

고구려의 전성기 영토

생활상을 알 수 있답니다. 최근에는 과학이 발달하면서 무덤에 묻힌 인물이 평소에 어떤 음식을 즐겨 먹었고, 어떤 병으로 사망했는지까지 알 수 있을 정도예요.

고구려는 돌을 쌓아서 무덤을 만들었어요. 돌무지무덤이라고 하죠. 처음에는 아무 돌이나 구해와서 시신을 덮었어요. 하지만 기술이 발전하면서 큰 돌을 구해서 반듯하게 정육면체 모양으로 돌을 다듬은 후 쌓았죠. 국력이 커지면서 무덤의 규모도 커졌어요.

돌무지무덤 중에 규모가 가장 크고 웅장한 게 장군총이에요. 정확히 누구의 무덤인지는 알 수 없지만 5세기가 고구려의 전성기였기 때문에 광개토대왕의 무덤으로 추정하고 있답니다. 국력이 있어야 거대한 무덤을 만들 수 있으니까요.

장군총의 모습

고구려는 '굴식 돌방무덤'도 만들었어요. 말 그대로 입구가 굴처럼 들어가게 되고 이 통로를 따라가면 방이 나오거든요. 중앙에는 시신을 안치한 무덤이 있고 천장에는 별자리가 새겨져 있고 벽면에는 다양한 주제로 벽화가 그려져 있어요. 그림이나 사진을 보면 이해하기도 쉽고 글로는 표현하기 어려운 정보들을 담고 있잖아요? 벽화는 고구려를 이해할 수 있는 어마어마한 가치를 지녔답니다. 정말 많은 주제의 벽화들이 있어요. 수렵을 하고 춤을 추는 모습들이 많이 그려졌는데 당시 고구려인들이 입던 옷, 말을 타는 방식, 사냥을 하는 방식 등을 확인할 수 있어요.

〈수박도〉, 〈씨름도〉 같은 경우는 웃통을 벗고 두 남자가 대결하는 모습을 그린 그림이에요. 수박은 전통 무술로 무예 훈련을 하는

중국 지린성에 있는 광개토 대왕릉비와 탑본

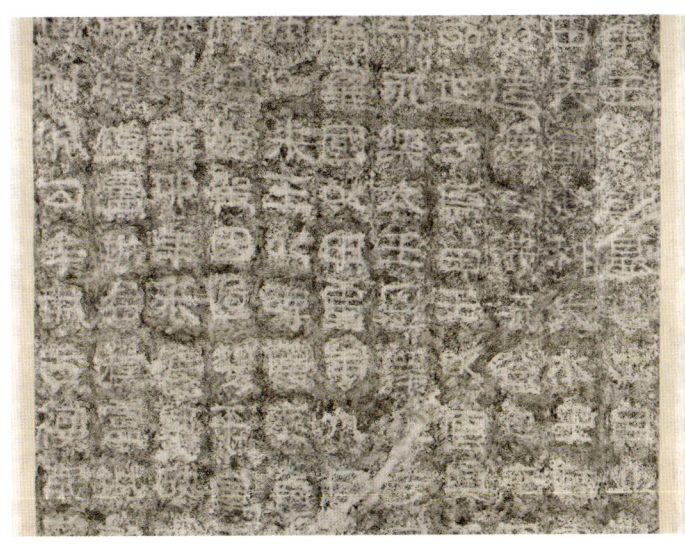

― 무용총 수렵도와 무용도 ―

― 수박도와 씨름도 ―

건데 쉽게 말해 태권도같은 거라고 생각하면 돼요. 씨름은 오늘날도 많이 하죠? 흥미로운 것은 두 그림에 나오는 사람의 얼굴이에요. 한 사람은 동양인의 모습인데 다른 한 사람은 코가 크고 이목구비가 뚜렷해서 우리나라 사람 같은 느낌이 없어요. 중앙아시아에서 건너온 서역인으로 추정이 되고 있어요. 그만큼 고구려는 북방민족이나 서역인들과 교류를 활발히 했던 것 같아요.

　사람을 그려 놓았는데 크기 차이가 큰 경우도 많아요. 식사를 하는 사람의 모습은 크게 그렸는데 시중을 드는 사람의 크기는 매

강서대묘 현무도와 무용총 접객도

식사하는 귀족의 모습이 매우 크고 시중드는 사람의 모습이 무척 작지?

우 작게 그렸거든요. 신분을 반영한 거예요. 식사를 하는 사람은 고급스러운 옷을 입고 의자에 앉아서 밥을 먹거든요. 신분이 높은 귀족인 것이지요. 옆에서 식사를 대접하는 사람은 노예고요. 신분이 높은 사람은 크게, 신분이 낮은 사람은 작게 그린 건데 당시 신분 사회의 모습이 반영되었다고 할 수 있습니다.

 이렇게 실생활을 그린 그림도 많지만 추상화도 많이 그렸답니다. 현무, 주작, 백호, 청룡처럼 상상의 동물을 그려서 무덤을 신성하게 표현하려고 한 거예요. 이들 모두 도교에서 신성시하는 동물이거든요. 불교와 더불어 도교도 고구려에 소개되었음을 알 수 있는 대목이랍니다.

: 수와 당의 계속된 공격과 고구려의 항전 :

장수왕 때 고구려는 수도를 평양으로 옮깁니다. 이때부터 668년 멸망할 때까지 고구려의 수도는 평양이었답니다. 벽화가 담긴 무덤부터 평양성까지 고구려의 생생한 역사가 평양에 남아 있어요.

7세기 들어 고구려는 대내외적으로 어려웠어요. 중국을 통일한 수나라와 당나라가 쳐들어오면서 고구려는 대외전쟁에 휘말리게 돼요. 국내 상황도 좋지 못했어요. 장수왕이 수도를 천도하면서 귀족 세력을 억누르려고 했지만 뜻대로 되지 않았답니다. 오히려 장수왕이 죽은 후 귀족 사회가 분열돼요. 국내성 귀족과 평양성 귀족으로 나뉘어서 갈등을 벌였으니까요. 더구나 장수왕 이후 뛰어난 국왕이 등장하지 않으면서 정치적으로 침체가 된답니다.

이 상황에서 중국을 통일한 수나라와 당나라는 고구려를 정벌하기 위해 대규모의 군대를 동원하고 수차례 쳐들어왔어요. 우선 수나라의 문제라는 황제가 30만 대군을 동원하였어요. 전투병만 30만이었으니까 보급병까지 하면 100만 대군이 밀려 들어온 것이지요. 수 문제는 고구려에 패배합니다.

이후 문제의 아들인 양제가 쳐들어옵니다. 수 양제는 100만 대군을 동원했어요. 보급병까지 400만에 달하는 숫자가 동원되었는데 하루에 10만 명씩 출발해서 모두 출발하는 데까지 두 달이 걸렸다고 합니다. 하늘에서 보면 정말이지 만리장성이 움직이는 모습이었을 거예요. 수양제의 100만대군 침공은 실패로 끝났지만 다시금 수차례 고구려를 공격합니다.

　　결국 무리한 고구려 원정으로 인해 수나라가 멸망하고 말아요. 이후 상황을 수습하고 들어선 당나라의 2대 황제 이세민이 또다시 100만 대군을 끌고 옵니다. 핵심 군사기지였던 요동성을 빼앗기면서 고구려는 위기에 빠지고 맙니다. 하지만 안시성 싸움에서 승리를 하면서 결국 당나라도 물러나고 말아요. 안시성 싸움은 정말 격렬했어요. 성이 견고하니까 당나라 군사들이 **토산**을 만들어서 성을 넘으려고 했죠. 이에 대응하여 고구려 병사들은 지하를 파서 토산을 무너뜨렸답니다. 온갖 다양한 전법이 동원되었고 군사들의 손실이 엄청났는데 끝내 고구려군이 승리합니다.

　　고구려는 어떻게 승리했을까요? 당시

> **토산**
> 돌이나 바위 없이 흙으로 이루어진 산을 말해요.

당의 공격과 고구려의 반격

고구려가 최대로 동원할 수 있는 부대가 10만 정도였다고 해요. 열 배도 넘는 군대를 상대하는 것이 사실상 불가능하죠. 그럼에도 불구하고 고구려가 승리를 거둘 수 있었던 데는 몇 가지 이유가 있어요. 우선 험준한 지형을 이용한 높은 성벽과 요새가 강력했어요. 중국에서 요동을 통해 한반도로 들어오려면 수많은 험준한 산맥을 통과해야 하는데 곳곳에 철벽 같은 요새들이 들어선 거예요. 고구려는 오랫동안 주변 국가들과 싸웠기 때문에 어떤 나라 못지않은 단단하고 방어하기에 유리한 산성을 지었습니다. 그러니 상대가 고구려의 성을 포위하고 점령하는 게 너무 어려웠던 것이지요.

고구려는 청야전술을 펼쳤어요. 전쟁이 일어나면 주변의 모든 사람들과 물자들을 성안으로 끌어들였어요. 그리고 성 바깥의 논과

―― 고구려가 수나라와 당의 대군에 맞서 전쟁을 치른 요동지방의 성들 ――

> **원정군**
> 먼 곳으로 싸우러 가는 군대를 말해요.

밭을 모조리 불태웁니다. 상대는 **원정군**이잖아요? 본국으로부터 식량을 가져왔지만 거리가 워낙 머니까 현지에서 음식을 구해야 하는데 그게 불가능한 거예요. 점령하려고 군대를 끌고 왔더니 오는 길이 너무 험하고, 도착해 보니까 성 바깥에는 아무것도 없고, 성벽은 너무 높고, 더구나 고구려 병사들이 워낙 싸움을 잘하니 쉽사리 공략할 수 없었던 것이지요. 더구나 100만 대군이라 하더라도 성의 규모를 감안하면 포위하고 싸우는 병사는 수천에서 수만밖에 안 되잖아요? 나머지는 뒤에서 쉬면서 대기하고 있는 거예요. 병력이 많아 봤자 쓸모가 없는 것이지요. 수나라의 경우 해군을 통해 바다로 곧장 평양을 공격하기도 했어요.

고구려는 수군도 강했답니다. 고건무가 이끄는 고구려 수군이 수나라를 물리쳤으니까요. 고건무는 영양왕의 동생인데 나중에 영류왕이 된답니다.

: 결국 쓰러지고 만 고구려 :

이러한 용맹한 항전에도 불구하고 고구려는 패망하고 만답니다. 왜 그랬을까요? 우선 전쟁이 너무 길었어요. 당나라의 침략이 그치지 않았으니까요. 당나라는 신라와 연합하여 협공을 벌이기도 했고, 10만 정도의 병력을 해마다 보내면서 고구려를 괴롭히기도 했습니다. 해마다 당나라와 싸워야 한다고 생각해 보세요. 농사를 제대로 지을 수도 없고, 우수한 군사들도 계속 죽게 되니까 군사력이 약해질 수밖에 없어요. 더구나 백성들도 점점 지쳐만 갔고요.

내부 갈등도 심각해졌어요. 영류왕의 경우는 수나라를 이긴 명장임에도 불구하고 당나라와의 화친을 주장했어요. 전란을 끝내야 한다고 생각했으니까요. 하지만 연개소문이 영류왕을 죽인 후에 권력을 장악합니다. 연개소문은 강경파였어요. 화친 정책은 필요 없다는 거였죠. 힘으로 당나라를 막아내자는 주장이었는데 연개소문이 살아있는 동안에는 실제로 당나라를 막았답니다. 하지만 연개소문이 죽은 후 아들들 간에 **내분**이 벌어지고 전쟁에 지친 고구려 귀족 상당수가 당나라에 투항해요. 연개소문은 귀족이었지 왕이 아니었거든

> **내분**
> 내부에서 자기편끼리 다투는 싸움을 말해요.

요. 일개 귀족 집안이 나라를 좌지우지하니까 다른 귀족들의 반감을 사게 된 거예요. 중국과의 전쟁에서 위대한 항전을 한 고구려는 끝내 멸망하고 만답니다.

무령왕과 성왕, 백제 중흥의 역사

결국 졌다면
무의미한 것일까요?

: 백제의 실패가 의미하는 것 :

혹시 공주나 부여, 익산에 가 본 적이 있나요? 이곳에는 백제의 유적이 정말 많이 남아 있어요. 공주에는 공산성과 송산리 고분군, 특히 무령왕릉이 유명해요. 부여에는 정림사지, 능산리 고분군 그리고 낙화암이 있는 부소산성이 있어요. 익산도 만만치가 않습니다. 미륵사지, 왕궁리 유적, 쌍릉 등이 있는데 모두 백제의 유적이에요.

왜 공주, 부여, 익산에는 후기 백제의 다양한 문화유산이 있을까요? 장수왕에 패배한 이후 이곳으로 수도를 옮겼기 때문이에요. 이곳을 둘러보면 생각보다 웅장하고 화려한 백제의 문화유산을 만나게 돼요. '백제는 고구려한테 패배한 이후 멸망한 나라 아니었어?'

라고 생각하고 있나요? 아닙니다. 한강을 빼앗긴 이후에도 약 200년간 백제는 생존했고 다시금 번성했답니다. 더구나 이 시기 백제는 이전과는 다른 여러 노력을 하면서 의미있는 성과를 일구기도 했어요. 실패 이후에도 새로운 도전을 이어갔던 것이지요. 결과로만 판단하기에는 백제 후기의 역사는 여러모로 살펴볼 것들이 많답니다.

: 서해를 활용해 활발하게 무역한 백제 :

고구려나 신라에 비해 백제의 역사는 훨씬 극적이에요. 고구려나 삼한에 비해 늦게 시작한 백제는 어떤 나라보다 빨리 발전했어요. 초기에 이미 목지국을 제압하였고 이후 수백 년간 마한의 땅이었던 경기도, 충청도, 전라도 일대를 모조리 장악해 갔습니다. 오늘날에도 이 지역에는 평야가 많고 좋은 농지가 넘쳐나요. 따라서 인구가 많이 몰려 있기도 하고요. 즉, 한반도의 곡창 지대가 모두 백제 땅이었던 셈이죠.

그래서인지 4세기가 되면 근초고왕 때 일찍 전성기를 맞이하게 된답니다. 근초고왕은 고구려를 무찌르면서 오늘날 황해도 일대는 물론이고 평안도의 중심지인 평양까지 밀고 올라갔습니다.

이 시기 백제는 서해를 이용하여 활발한 대외 활동을 펼쳤던 것 같아요. 중국의 요서와 산둥 그리고 일본의 규슈 일대에 진출하여 교류하였고 왜에 칠지도를 하사하기도 했죠. 서해 진출은 주목할 필요가 있어요. 한반도를 기준으로 했을 때 바다는 서해, 동해, 남해로 나뉘어져요. 동해의 경우 태백산맥 때문에 다다르기 힘들죠. 사람들이 평야에 살기 때문에 동해로 가려면 대관령 같은 높고 험준한 산맥을 통과해야 해요. 반대로 동해 해안가에 사는 사람들 역시 내륙으로 들어오기가 어려워요. 태백산맥을 넘어도 고원 지대가 이어지기 때문에 이동이 쉽지 않았죠. 오늘날도 그렇지만 동해를 통한 문물 교류는 과거에는 매우 어려웠어요. 남해의 경우는 동해보다는 훨씬 유리하죠.

하지만 교류할 나라가 별로 없다는 게 문제예요. 동해로 나아가건 남해로 나아가건 만나는 나라는 왜밖에 없잖아요? 삼국 시대 당시 왜는 이제 막 고대 국가로 발돋움하고 있었기 때문에 교류의 대상으로 그다지 매력이 없었어요. 중국이나 서역같이 선진 문물을 배워 올 수 있는 기회가 없었으니까요. 하지만 한반도를 넘어 새로운 정착지를 찾는 이들에게는 꽤나 쓸모있는 땅이었죠. 더구나 삼국 시대가 발전하면서 워낙 경쟁이 심했고 전쟁이 많았기 때문에 평화를 갈구하며 새로운 이주지를 찾던 사람들 상당수가 일본으로 넘어가게 된답니다. 백제인들이 가장 많았지만 고구려, 신라인들도 많았답니다. 일본의 유력한 귀족이 백제계라던지 오늘날 일본에 가면 한국식 지명을 가진 동네를 찾아볼 수 있는 것들이 모두 이 때문입니다.

이에 비해 서해는 매우 매력적인 바다였어요. 동해에 비해 수심이 얕기 때문에 배를 운영하는 데 유리했어요. 더구나 한반도의 주요 도시가 모두 서해 쪽에 붙어 있잖아요? 대동강에서 내려오면 서해고, 예성강에서 내려와도 서해고, 한강에서 내려와도 서해니까

백제의 전성기(4세기)와 국제항로

요. 사람들이 많이 사는 곳과 서해가 붙어 있으니 일찍부터 서해를 활용해서 대외 교류를 하려는 사람들이 많았어요. 더구나 당시 선진 문명은 중국이었거든요. 철기는 물론이고 한자, 율령, 불교 등 배울 것들이 참으로 많았답니다. 서역의 문물 역시 실크로드를 거쳐 중국을 통해 한반도에 소개가 되었으니 중국으로 향하는 교통로를 확보하는 것이 참으로 중요했답니다. 육로로 중국을 가는 것은 쉽지 않았어요. 우선 중국과 고구려가 대치중이었고 가는 길이 너무 험했으니까요.

　서해를 이용하면 사정이 달라집니다. 한강이나 예성강에서 배를 타고 나가면 곧장 산둥반도에 도달할 수 있어요. 북쪽으로 방향을 돌리면 랴오둥(요동)반도에 도달할 수 있고 발해만으로 들어가

근초고왕 시기 백제

면 중국 북부로 갈 수도 있답니다. 남쪽으로 내려가면 남경 같은 중국 남부 지역에 도달하는 것도 어렵지 않고요. 서해에서 남해를 거치면 일본으로도 쉽게 갈 수 있답니다. 사실 근초고왕 때 서해를 활용한 대외 교류가 구체적으로 어떻게 진행되었는지는 자세히 몰라요. 남겨져 있는 기록이 거의 없기 때문이에요. 과거에는 군대를 끌고 이 지역을 점령했다고도 봤는데 최근에는 활발한 대외 교류 정도로 해석하고 있답니다. 여튼 서해를 활용한 대외 정책은 백제 멸망 이후에도 계속됩니다. 신라가 중국과 활발한 교류를 하면서 산둥반도와 중국 남부에 '신라방'이라고 불리는 신라인 거주지를 만들었다든지, 불교를 깊이 배우고자 하는 승려들이 서해 뱃길을 이용해 중국 유학을 갔다든지 혹은 고려 시대 때 이슬람 상인들이 서해를 통해 개성에 도달했다든지 하는 것들이 모두 서해가 가진 장점을 활용한 거랍니다. 그런 의미에서 바닷길은 정말 중요한 거 같아요.

하지만 일찍 핀 꽃이 먼저 지는 법일까요? 4세기 근초고왕의 전성기 이후 백제는 큰 위기를 맞이하게 됩니다. 5세기 이후 고구려와 신라가 크게 발흥했기 때문이에요. 특히 고구려의 침공이 워낙 급박했어요. 백제의 수도는 풍납토성과 몽촌토성이잖아요? 풍납토성은 한강 근처 평평한 땅에 세웠는데 뒤늦게 만들어진 몽촌토성은 보다 안쪽에 구릉지에 세웠거든요. 적의 침입을 대비하기 위해 성을 하나 더 세웠는데 방어하기에 좋은 지형에 만들어졌으니 그만큼 전쟁의 위험이 심각해졌다고 볼 수 있죠. 풍납토성에서 한강을 가로질러 올라가면 등장하는 산이 아차산이에요. 조금 더 올라가면 배봉산도 있고요. 아차산에는 고구려의 군사 시설이 들어섰고 배봉산에도 고구려 군대가 머물렀던 흔적이 발견되었어요. 고구려의 군사들이 한강 북쪽의 중요한 산에 군사 시설을 만들고 백제를 염탐했던 것이지요. 한강을 두고 고구려 군대와, 백제 군대가 대치를 하면서 격렬한 전쟁을 벌이곤 했는데, 백제의 입장에서는 수도가 위협을 받는 상황이니까 참으로 위험했어요. 실제로 개로왕은 당시 북중국을 지배하고 있던 북조에 도움을 요청하기도 합니다. 북조와 고구려가 경쟁 관계이기 때문에 도움을 받고자 한 것이지요. 하지만 뜻대로 되지 못했고 결국 장수왕에게 패해 목숨을 잃었답니다.

: 백제의 중흥 노력이 우리에게 말해주는 것 :

왕이 죽고 수도를 점령당하고 파죽지세처럼 고구려 군대가 밀려 들어왔어요. 그야말로 백제의 대위기였던 것이지요.

개로왕의 아들 문주왕은 간신히 충청도 공주 지역에서 상황을 수습합니다. 공주에 가면 공산성이 있어요. 산에 의지해서 만든 산성이에요. 지금은 성벽이 돌로 만들어져 있고 아름다운 능선에 세워져 있기 때문에 멋지기도 하고 분위기가 참으로 근사해요. 지금 볼 수 있는 성은 조선 후기 때 다시 쌓은 성이고요. 당시에는 흙으로 만든 토성이었답니다. 삼국 시대만 하더라도 성은 흙으로 만들었어요. 공산성 말고도 백제는 인근의 산에 수많은 성을 쌓아요. 상황이 급박했던 거예요. 적이 언제 밀려 들어올지 모르는 상황을 대비해야 했으니까요.

다행히 공주 지역에 정착한 백제는 상황을 수습해 나갑니다. 특히 무령왕 때 백제가 국력을 많이 회복해요. 군사를 정비하고 다시 북진을 시도합니다. 경기도와 황해도 일대에서 격렬한 군사 작전을 벌이며 고구려 군대를 물리쳤어요. 비록 한강 일대를 빼앗지는 못했지만 장수왕 때 일방적으로 당했던 것과는 비교할 수 없었어요. 무령왕 때 비로소 백제가 국력을 회복했던 겁니다.

무령왕은 다방면에서 백제의 중흥을 위해 노력해요. 특히 외교적인 노력을 적극적으로 벌였어요. 중국 남조와 교류를 강화하고 일본과도 가깝게 지냈죠. 서해를 통하면 백제가 남조에 쉽게 다다를 수 있잖아요. 남조와의 교류를 통해 고구려를 견제하고자 한 거예요. 당시 백제의 활발한 대중국외교는《양직공도》같은 자료를 통해 확인할 수 있답니다.

무령왕릉도 중요해요. 무령왕을 모신 무덤은 벽돌로 만들어졌거든요. 당시 고구려나 신라는 물론이고 백제에서도 벽돌로 무덤을 만드는 경우는 없었어요. 벽돌로 무덤을 만드는 것은 중국 남조의 무덤 제작 기술이거든요. 사실 죽은 사람을 기리고 매장하는 모습은 잘 안 바뀌어요. 특별히 다른 나라의 무덤 양식을 배울 필요도 없고 우리만의 오래된 전통이란 게 있잖아요? 그런데 전통을 거부하고 새로운 무덤을 축조했다는 것은 그만큼 중국과의 교류를 강조했다는 것을 의미해요. 어쩌면 죽기 전에 '내 무덤은 중국식으로 지어서 나의 의지를 후대에 알려라!'라고 얘기했을 수도 있겠죠. 더구나 무덤 부장품도 충격적이었어요. 무령왕의 시신을 넣은 나무 관이 일본산 금강송이었거든요. 일본에서도 가장 귀한 목재를 수입해서 관을 만들었어요. 일본과의 관계도 많이 가까워졌음을 알 수 있는 부분입니다.

무령왕은 남방 진출에 신경을 많이 썼어요. 남아 있던 마한 지역을 복속하면서 영산강, 섬진강 등 전라도와 경상도 일부 지역에 진출하는 데 성공해요. 강성한 고구려에 비해 전라도로 밀려간 마한 세력을 복속하는 게 상대적으로 쉬었겠죠? 더구나 전라도에 대한 지배를 강화하고 섬진강 일대로 진출을 하면 가야 세력을 병합할 수 있고 왜와 직접 교류할 수 있답니다. 고구려와의 결전을 통해 수도를 되찾는 것도 중요하지만 우선 백제는 더욱 강해질 필요가 있고 그러려면 여러 방책이 필요하잖아요? 무령왕은 이런 활발한

무령왕릉

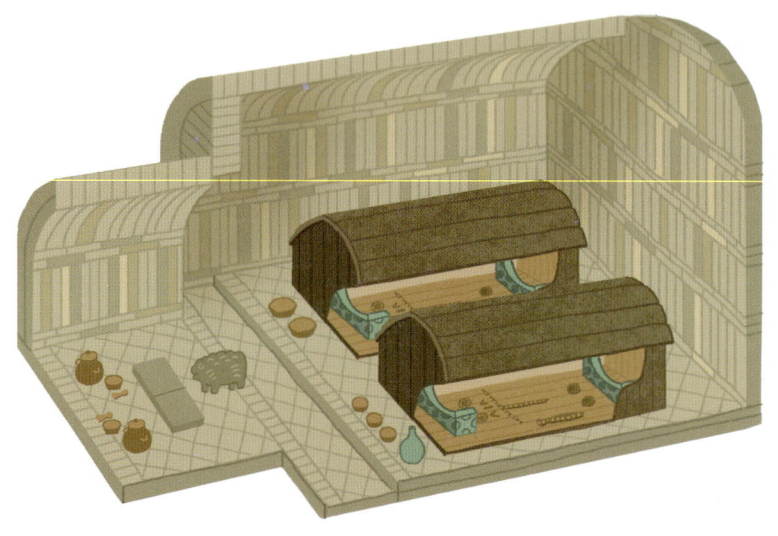

무령왕릉 내부 모습

무령왕비 발받침

무령왕릉 나무관

활동을 통해 백제를 다시금 강하게 만들었답니다.

이러한 노력은 성왕 때에도 계속 이어집니다. 성왕은 수도를 부여로 옮겼어요. 무령왕의 정책을 이어 받아서 일본과의 교류를 확대하였고 특히 불교를 전파하는 데 힘썼답니다. 하지만 안타깝게도 관산성 전투에서 패배하면서 성왕은 죽고 말아요. 신라와 연합하여 한강 일대를 공략했는데 신라가 독차지하고 말거든요. 과거 백제의 수도와 땅을 신라가 가로채다니! 격분한 성왕은 동맹을 깨고 신라를 쳐들어갑니다. 하지만 지나친 흥분이 판단을 흐리게 했던 걸까요? 아니면 성왕보다는 진흥왕이 한 수 위였을까요? 관산성 전투에서 성왕은 신라군에게 잡혀 목숨을 잃게 됩니다. 한강 유역 회복의 꿈이 물거품이 되고 말았어요.

> **동분서주**
> 동쪽으로 뛰고 서쪽으로도 뛴다는 뜻으로, 사방으로 몹시 바쁘게 돌아다니는 모습을 표현한 말이에요.

이후에도 백제의 왕들은 많은 노력을 합니다. 무왕은 익산 일대에 새로운 도시를 건설하면서 동분서주를 했죠. 새로운 도시를 계속 건설하는 것이 백제에게 도움이 되었을까요, 손해가 되었을까요? 이 부분은 한번 생각해 볼 필요가 있어요. 여하간 백제의 왕들은 나라를 살리기 위해 여러 노력을 벌였지만 안타깝게도 신라가 더욱 강건하게 성장하였고 무엇보다 신라와 결탁한 당나라 군대에 의해 멸망하고 말았습니다.

그럼에도 불구하고 백제가 정말로 분투를 거듭하면서 국가를 발전시켰다는 점을 기억할 필요가 있어요. 결과가 모든 것을 말해 주는 건 아니니까요. 참으로 무미건조한 성공이 있는가 하면 비록 실패했지만 의미있는 과정이었다고 인정받는 것들이 세상에는 참으로 많습니다.

거북이 신라의 삼국통일

열악한 조건의 신라는 어떻게 삼국을 통일할 수 있었나요?

'야구는 9회말 투아웃부터이다!', '길고 짧은 것은 끝까지 대보아야 한다!' 사람들은 종종 이런 말을 합니다. '끝까지 포기하면 안 돼.', '누구나 열심히 하면 성공할 수 있어.' 이런 의미겠죠? 이솝우화에 나오는 토끼와 거북이 또한 마찬가지죠. 거북이가 토끼를 어떻게 이기겠어요? 토끼도 거북이도 그 사실을 너무 잘 알고 있었을 거예요. 그러니 토끼는 거북이를 만만하게 보았을 거고, 시합 도중에 게으름을 피우다가 결국 거북이한테 지게 됩니다. 여기서 중요한 건 거북이가 성실히 노력했다는 거예요. 토끼보다 느렸고 토끼와 같은 능력이 없었지만 그럼에도 불구하고 꾸준히 노력해서 자기보다 훨씬 뛰어난 토끼에게 승리를 거둔 것이지요.

스포츠 경기를 보다 보면 그런 일들이 많아요. 야구 경기에서 점수 차가 크게 났는데 역전 승리를 거두기도 하고, 세계 랭킹 1위를 상대로 극적인 승리를 거두는 때도 있고요. 역사도 마찬가지인 것 같아요. 군사력이 훨씬 강하거나 영토가 훨씬 넓거나 훨씬 좋은 땅을 가지고 있는 강한 민족과 강한 나라에 둘러싸여 있더라도, 절치부심 노력해서 최종적인 승자가 되는 경우 말이에요.

> **절치부심**
> 몹시 분해 이를 갈 정도로 속이 상하는 것을 말해요.

: 불리한 조건에서도 성장을 멈추지 않았던 신라 :

삼국 시대 신라가 그랬어요. 신라는 모든 면에서 고구려, 백제에 비해 불리했어요. 고구려처럼 강력한 군사력과 넓은 영토를 가지지도 못했고 백제처럼 좋은 땅과 의미 있는 성공을 거둔 적도 없었죠. 심지어 광개토대왕 이래 고구려의 속국이 되는 수모를 겪기도 했고 왜, 가야 등의 침략으로 골머리를 앓기도 했답니다.

진흥왕 때 신라가 크게 성장을 했잖아요? 이후의 상황이 만만치 않았어요. 함경도 땅은 고구려에 의해 빼앗겼고 이제는 고구려와 백제의 협공을 받게 되었죠. 여제동맹이라고 하는데 관산성 전투 이후 고구려와 백제가 연합을 해서 신라를 공격한 거예요. 진흥왕 이후 그다지 뛰어난 국왕이 등장하지 않았고 선덕여왕, 진덕여왕 등 여왕의 시대를 보내기도 한답니다.

지금 같아서는 여성이 왕이 되는 게 문제가 될 것이 없잖아요?

하지만 이때는 그렇지 않았어요. 모든 나라들이 아들, 특히 장남을 중심으로 왕을 계승했거든요. 그런데 신라의 경우 여왕이 연이어 등장하니까 당나라가 이를 비웃기도 하고 문제 삼기도 했답니다. 선덕여왕은 통치를 잘한 국왕으로 평가를 받지만 그럼에도 불구하고 여왕의 통치력에 의문을 제기하는 귀족들이 많았고 그만큼 왕권이 약했죠.

이 와중에 김춘추와 김유신이 등장해요. 김춘추는 신라 진골 귀족인데 진덕여왕의 뒤를 이어 태종 무열왕이 된답니다. 당나라와의 동맹을 성사시키고 백제를 멸망시키는 등 신라의 삼국통일에 있어서 가장 중요한 역할을 해요. 고구려와 백제를 어떻게 이길까? 김춘추는 그 해답을 당나라와의 동맹에서 찾았어요. 위치상 신라는 고구려와 백제에 둘러싸여 있는 모양이잖아요? 하지만 고구려와 백제 뒤편에는 당나라가 있으니 나당동맹, 당나라와 동맹을 맺으면 불리한 위치에서 벗어날 수 있고 양면 공격도 가능했지요.

김춘추가 처음부터 그런 생각을 하지는 않았어요. 처음에는 고구려를 찾아갔죠. 고구려와 동맹을 맺어서 백제를 고립시키려고 한 거예요. 하지만 고구려의 지배자 연개소문은 조건을 내걸었어요. 신라가 빼앗아간 고구려의 영토를 돌려주면 생각해 보겠다는 것이지요. 협상은커녕 감옥에 갇혔다가 간신히 돌아와요.

이번에 신라는 왜를 찾아가요. 신라와 왜는 앙숙이잖아요? 그럼에도 불구하고 왜에 도움을 구하려고 한 거예요. 그만큼 신라의 상황이 절박했어요. 더구나 왜는 백제와 가까운 사이인데 왜를 신라 편으로 끌어들이면 그만큼 백제에 피해를 주는 거잖아요? 고구려와의 동맹만큼 효과는 없더라도 해 볼 만한 게임이라고 생각한 것이지요. 하지만 이 또한 실패하고 맙니다. 워낙 오랜 기간 백제와 왜가 돈독한 사이를 유지했으니까요.

두 차례의 실패에도 불구하고 김춘추는 포기하지 않습니다. 이번에는 당나라를 찾아갔어요. 아마도 여러 차례 실패를 통해 김춘추는 성장하고 성숙했던 것 같아요. 연개소문을 만날 때는 신중하게 접근하지 못했기 때문에 감금되기도 했잖아요? 냉정히 따져 보면 왜를 신라 편으로 끌어들이는 게 특별히 이득이 될 것도 없고요. 이러한 실패의 경험을 살려 김춘추는 당나라의 황제 이세민을 만납니다. 신중한 외교전을 펼쳤고 결국 이세민의 환심을 사는 데 성공합니다. 나당동맹이 맺어진 거예요.

김춘추와 함께 신라를 이끈 인물이 김유신이에요. 화랑 출신이었고 20살의 나이부터 전투에 참여했거든요. 평생을 수많은 적과 싸웠고 대부분의 전투에서 승리를 거두면서 신라 최고의 영웅이 된답니다. 김유신은 원래 금관가야 왕족 출신입니다. 금관가야가 신라에 항복을 하면서 신라의 귀족이 된 거예요. 차별이 심했어요. 같은 귀족이더라도 가야 출신은 무시하고 배척한 것이지요. 그럼에도 불구하고 김유신 집안은 큰 성공을 거둡니다. 김유신의 할아버지 김무력은 관산성 전투 당시 백제 성왕을 죽이고 전투에서 승리를 거둔 군사 영웅이었답니다.

누구나 그렇듯 김유신 역시 노는 데 정신 팔렸던 시절이 있었어요. 젊은 나이에 학문과 무예에 힘쓰지 않고 매일 술집을 다니면서 놀았거든요. 말을 타고 다녔는데 매일 술집만 가니까 어느 날 김유신이 말을 몰지도 않았는데 말이 알아서 술집까지 간 거예요. 이 사건을 계기로 김유신이 크게 깨달아요. '이렇게 살아선 안 된다!' 이때부터 마음을 잡고 열심히 노력해서 훌륭한 명장이 된답니다.

김유신은 매우 지혜로우면서도 정치적으로 뛰어난 사람이었어요. 선덕여왕이 자식이 없었기 때문에 후계자 문제를 두고 귀족들 간의 다툼이 심했거든요. 비담이라는 귀족이 반란을 일으키자, 선덕여왕은 김유신을 시켜 이를 진압하려고 해요. 비담의 군대와 김유신의 군대가 대립하고 있는데 때마침 혜성이 김유신 진영 쪽으로 떨어진 거예요. 고대인들은 별을 매우 신비하게 여겼거든요. '혜성이 떨어진다는 것은 죽음과 패배를 의미하는 것이다!', '지금 김유신 진영에 별이 떨어졌기 때문에 비담의 군대가 승리를 거둘 것이고 선덕여왕은 쫓겨날 것이다!' 이런 식으로 비담이 얘기를 퍼뜨리니까 김유신 부대의 사기가 떨어지고 말았어요.

김유신은 꾀를 냅니다. 몰래 큰 등을 하나 만들어서 불을 붙인 후 하늘에 띄운 거예요. 멀리서 보니까 별 하나가 하늘로 올라가는 모양으로 보였겠죠? 김유신은 즉각 소문을 냅니다. '떨어진 줄 알았던 혜성이 다시 떠올랐다. 비담의 군대가 이길 것처럼 보이지만 결국 우리가 승리한다!' 혜성을 보며 전쟁의 승패를 예측하는 심리를 역이용한 거예요. 사기가 떨어진 비담의 군대가 김유신에게 패배를 하고 맙니다. 큰 등 하나를 하늘에 띄웠다고 이룬 승리는 아닐 거예요. 그보다는 김유신의 군대가 훨씬 체계적이고 단련이 잘 되었기 때문이겠죠. 하지만 김유신이 심리전에도 능했다는 사실을 알 수 있답니다. 김춘추와 김유신은 비담의 난에서 승리를 거두고 김

춘추가 왕이 되면서 신라는 정치적으로 안정이 됩니다. 그리고 김유신의 주도하에 통일 전쟁이 진행됩니다.

당시 고구려와 백제의 상황은 너무 어려웠어요. 특히 백제의 경우 의자왕이 사치와 향락을 일삼으면서 나라를 제대로 다스리지 못했답니다. 당나라의 소정방이라는 장군이 이끄는 10만 대군이 서해를 가로지르며 곧장 부여로 쳐들어왔고 김유신이 이끄는 신라의 5만 대군이 쳐들어왔는데 고작 계백의 5,000 결사대 말고는 제대로 저항하지 못했답니다. 때는 660년, 700년 가까이 이어져 내려온 백제가 너무나 허무하게 멸망하고 말았어요. 그로부터 8년 후 고구려 역시 몰락하고 맙니다. 오랜 전란과 지배층의 내분으로 인해 당나라에 패배하고 말았습니다.

> **전란**
> 전쟁으로 인한 난리를 말해요.

이때부터 당나라는 다른 생각을 하기 시작해요. 고구려와 백제를 무너뜨렸으니 신라만 남았잖아요? 신라를 멸망시키면 한반도 전체를 점령할 수 있겠다는 생각을 한 것이지요. 기어코 나당전쟁이 일어납니다. 당나라와 신라가 맞붙게 된 거예요. 이미 김춘추는 죽었고 김유신도 전투에는 참가하기 힘든 노장이 되었답니다. 하지만 탄탄한 군사력, 강력한 국력을 가지고 있던 신라는 매소성과 기벌포에서 당나라 군대 20만을 격파하는 대승을 거둡니다. 통일 과정에서는 당나라의 힘을 빌렸지만 당나라와 싸워 이김으로써 한반도의 패자가 된 것이죠.

: 신라가 삼국을 통일할 수 있었던 이유 :

왜 고구려와 백제는 졌고 신라는 승리했을까요? 이를 두고 여러 가지 생각을 해 볼 수 있을 것 같아요. 지나친 **강경책**, 귀족들의 내분, 지도자의 사치와 향락, 약한 국력과 군사력 등등 고민해 볼 만한 부분이 참으로 많아요. 흥미로운 점은 오늘날 티베트 일대에 등장한 토번이라는 나라가 신라를 도왔

> **강경책**
> 강하고 굽히지 않는 정책을 말해요.

다는 점이에요. 당나라가 쉽게 멸망시킨 나라는 백제밖에 없거든요. 고구려하고는 오랫동안 싸웠잖아요? 그런데 신라는 그렇게까지 침공하지 않았어요. 왜냐면 티베트 쪽에 토번이라는 나라가 등장해서 당나라를 공격했거든요. 뒤쪽에 토번을 두고 앞에 있는 신라와 싸운다는 것이 당나라 입장에서는 여간 부담스러운 문제가 아니었을 거예요. 이뿐만이 아니에요. 곳곳에서 저항운동이 일어났거든요. 백제를 부흥시키겠다는 사람들도 있었고 고구려를 부활시키겠다는 사람들도 있었어요.

　신라는 상황을 교묘하게 이용했어요. 우선 철저하게 백제부흥운동을 억눌렀죠. 나중에는 백제부흥군과 왜가 연합하여 쳐들어왔던 적도 있었는데 이 전투에서도 신라는 당나라 군대와 연합해서 승리를 거둡니다. 끝내 백제부흥운동은 실패하고 맙니다.

　고구려부흥운동은 신라가 지원을 많이 했어요. 신라는 고구려까지 멸망시키고자 했던 것 같지는 않아요. 백제와 워낙 오랫동안 다투었기 때문에 백제를 점령하려는 의지는 분명했지만 고구려 멸

망은 당나라가 주도했거든요. 막상 고구려가 사라지니까 북쪽으로 영토를 늘리긴 했는데 직접 당나라와 마주하게 된 거예요. 이 와중에 고구려부흥운동이 일어나니까 신라는 이들을 지원해서 당나라를 견제하려고 합니다. 끝내 고구려를 부활시키겠다는 운동은 실패하지만 신라 입장에서는 이들을 후원하면서 당나라를 견제하고 통일신라를 발전시키는 데 성공합니다. 여기에 더해 토번까지 당나라를 공격하고 북방 민족들까지 움직이기 시작하니까 당나라 입장에서 신라를 공격하는 게 어려워졌던 것이지요. 이러한 국제 정세가 통일신라를 도왔다는 점 또한 간과하면 안 될 것 같아요.

    이런 여러 가지 사정으로 7세기 들어 만주와 한반도의 역사는 크게 바뀝니다. 수많았던 연맹왕국들이 사라지고, 삼국 중에서도 오직 통일신라만이 존재하는 시대가 된 거예요.

사랑과 진리를 찾아 떠난 강수와 원효 그리고 혜초

과거에는 오직 전쟁과 승리를 위해서만 살았던 건가요?

: 전쟁의 승패보다 더욱 중요한 것 :

고구려, 백제, 신라의 기나긴 싸움이 끝나고 비로소 통일신라의 시간이 찾아왔어요. 삼국을 통일한 신라는 이후에도 200여 년간 번성을 누리며 총 1,000년에 가까운 시간 동안 역사를 이어갔답니다.

　삼국 간의 기나긴 싸움에 대해 어떤 생각을 해 보았나요? 따져보면 삼국만 싸운 게 아니었어요. 초기 수많은 나라 간에 치열한 경쟁이 있었고 그중에 삼국이 생존한 거잖아요. 셀 수 없는 전투가 이어졌을 거예요. 고구려는 정말로 오랜 기간 중국을 비롯한 주변 세력과 다툼을 벌였고 삼국이 경쟁하던 기간에는 당나라는 물론이고 왜까지 쳐들어 왔으니까요. 보통 이런 얘기를 물어보면 "에잇, 고구려가 이겼어야 했는데……."라고 말하는 경우가 많아요. 고구려가 이겼으면 만주도 우리 땅이고 우리나라가 더욱 크고 강대해졌을 거라는 게 이유죠. 그랬을 수도 있겠죠. 어찌 됐건 한반도라는 작은 땅에서 사는 우리 입장에서보다 더 큰 영토를 가지고 싶은 열망이라는 건 당연한 거니까요. 더구나 **일제강점기**를 보내고, 한반도가 분단된 상황에서 만주, 몽골, 티베트까지 모조리 중국 땅이 되고 말았으니까요.

> **일제강점기**
> 1910년부터 1945년까지, 일본이 우리나라의 주권과 통치권을 강제로 빼앗은 시기를 말해요.

하지만 누가 이겼으면 좋겠다는 식의 생각이 역사를 공부하는 타당한 이유는 아닌 것 같아요. 누군가가 이긴다는 것은 누군가가 진다는 것을 의미하잖아요? 더구나 이건 그냥 시험을 보거나 시합을 한 게 아니에요. 각자 무기를 들고, 모든 국력을 사용하여 목숨을 건 전쟁을 벌인 거거든요. 이 와중에 얼마나 많은 사람들이 죽었는지 우리는 짐작조차 하기 힘들어요. 전투 중에 칼에 찔려 죽는 젊은이, 남편을 전장에 보내며 가정을 이끌다 홀로된 어머니, 적군이 쳐들어와서 모든 것을 빼앗긴 사람들, 전투에서 부모를 잃고 온갖 고생을 하다 죽어 간 어린이들…. 전쟁은 말할 수 없는 참사를 일으킵니다. 이런 것들을 생각하면 누가 이겼으면 좋겠다는 마음은 위험한 태도일 수 있답니다.

: 전쟁을 올바르게 바라보는 관점 :

관점이 중요한 것 같아요. '가만, 그런데 왜 이렇게까지 싸운 거야?', '이렇게까지 극단적으로 싸울 필요가 있어?', '이 전쟁은 누구를 위한 전쟁이야?', '전쟁의 결과를 통해 누가 무엇을 얻었던 거지?', '전쟁의 피해는 어느 정도였을까?' 이런 것들을 생각해 보자고요. 만주와 한반도에 삼국이 등장한 것부터 신라가 삼국을 통일한 것까지는 일어났었던 사실이거든요. 더구나 워낙 치열하게 싸웠고 그 결과가 엄청났기 때문에 역사를 이야기할 때 이러한 과정을 빼놓을 순 없어요. 하지만 그러한 커다란 역사적 변화를 인정하더라도 여러 고민들을 해 볼 수는 있을 것 같아요. '삼국이 사이좋게 지낼 수는 없었을까?', '당시 당나라가 들어서고 돌궐이라든지 북방 민족을 흡수하면서 엄청나게 강해진 것을 알았다면, 오히려 삼국이 연합을 해서 당의 침략을 막는 것이 훨씬 유리하지 않았을까?', '국제 관계가 급박하게 변화하고 있는데도 이렇게 자기들끼리 싸울 수밖에 없었던 건가?' 물론 이런 생각을 아무리 많이 한다고 해도 과거가 바뀌지는 않겠죠. 1,000년 전 이야기니까요. 하지만 과거에 대한 진지한 생각은 오늘을 이해하는 데 큰 도움을 준답니다.

따져 보면 지금도 마찬가지거든요. 역사는 의외로 반복되는 측면이 많아요. 생각해 봐요. 현재 전 세계를 주도하는 나라는 미국이에요. 과거에는 일본이 강했는데 최근에는 중국이 엄청나게 성장하면서 G2의 시대가 되었다고 해요. 우리나라의 경우 여러모로 뛰어난 나라이긴 한데 여전히 남한과 북한으로 분단되어 있고 서로 적대적이거든요. 여기에 더해서 러시아나 영국, 프랑스, 독일 같은 전통적인 **열강**들이 여전히 힘이 세고,

> **열강**
> 국제 문제에서 큰 역할을 담당하는 여러 나라를 말해요.

중동의 이슬람 세력 중 상당수는 미국의 세계 지배를 거부하며 테러를 자행하기도 하잖아요? 과거에 비해 엄청나게 발전한 현대 사회 역시 힘의 논리, 세력 간의 다툼 같은 것들이 있다는 거예요. 우리가 힘을 길러서 상대를 이기면 된다? 너무 단순한 생각이죠. 힘을 가지고 있다는 것은 중요하지만 힘만으로 모든 것을 해결할 수는 없으니까요. 그러면 어떻게 해야 할까요? 외교도 중요하겠고, 주변 국가와 잘 지내는 것도 중요하겠고, 이웃 국가들끼리 다툼이 있으면 중재를 설 필요도 있겠죠. 그렇다면 삼국시대 때 수백 년에 걸쳐 극단적인 싸움을 하던 것과는 다른 결과에 도달할 수 있을 테니까요.

전쟁의 결과가 과연 어땠을까요? 이긴 사람들의 행복? 누가 얼만큼이나 행복했을까요? 따져 보면 왕과 일부 귀족들 말고는 행복한 사람이 없었을 거예요. 싸움에서 이겼다는 자부심과 명예 정도일 텐데 그 기분 또한 얼마나 갈까요? 영토가 확장되었다는 것은 또 얼만큼이나 의미가 있을까요? 영토가 넓어졌다고 백성들의 집과 농토가 두 배로 늘어나지는 않았을 거니까요. 역사책에는 기록도 되지 않은 수많은 비극이 도처에 널려 있었을 거예요. 부모님의 얼굴도 모르고 자란 아이, 어쩔 수 없이 노비가 될 수밖에 없었던 청년들, 승리한 나라의 백성들에게 무시받고 천대당하는 패배한 나라의 백성들 등등. 이런 생각에는 명확한 정답이 없어요. 사실 역사라는 것은 정답이 있어서는 안 되거든요. 과거에 일어난 사실을 객관적이고 정확하게 정리하는 것은 필요하지만 그러한 사실을 두고 여러 생각을 해야 하고 그에 따른 해석을 방해하면 안 되는 것이지요.

: 귀족 계급을 포기하고 사랑을 선택한 강수와 민중과 함께한 승려 원효 :

삼국이 쟁투를 벌이던 시절에 '강수'라는 인물이 있었어요. 문장가로 유명한 인물이에요. 한문에 대한 이해가 박식했고 외교문서를 기가 막히게 썼던 탁월한 인물이거든요. 글을 잘 쓴다는 것은 참으로 중요해요. 글을 잘 쓰려면 자신의 생각을 논리적으로 설명해야 하고, 상대가 동의하도록 설득력을 지녀야 해요. 잘못된 용어나 저급한 언어를 사용하지 않아야겠고요.

강수는 태종 무열왕 때 인물인데 명문장가로 이름을 높였고 그 재능으로 인해 국가에서 공식 외교문서를 쓸 때 특별히 쓰임을 받았어요. 강수는 6두품입니다. 6두품이 뭐냐고요? 신라의 신분 제도가 매우 복잡한데 6두품은 하급 귀족 정도로 생각하면 좋을 것 같아요. 신라는 골품제도를 운영했어요. 고급 귀족들은 성골과 진골이에요. 성골은 왕족인데 선덕여왕 이후로 대가 끊겨서 왕과 고급 귀족들은 모두 진골귀족이랍니다. 그리고 그 밑에 6두품부터 1두품까지 하급 귀족들이 있었어요. 일종의 **중인**들이었던 셈이죠. 다시 이들 밑에는 평민이 있고, 노비도 있었어요. 복잡한 구조죠?

강수는 6두품이었기 때문에 최고 귀족은 아니었지만 나름 지위가 있었던 집안의 사람이에요. 그런데 강수가 평민 여성을 사랑하게 됩니다. 가문의 반대가 매우 심

> **중인**
> 조선 시대에 있었던 지배층 양반과 피지배층 상민(평민) 사이의 중간 신분을 말해요.

신라의 골품제

골품	등급	공복	집의 크기
성골	1~5	자색	제약없음
진골	1~5	자색	24척
6두품	6~9	비색	21척
5두품	10~11	청색	18척
4두품	12~17	황색	15척
1~3두품	평민	흰색	15척 이하

했어요. 왜 그렇게 좋지 못한 가문의 여자와 만나냐는 거였죠. 더구나 6두품과 평민이 결혼을 해서 아이를 낳으면 그 아이는 평민 취급을 받았거든요. 하지만 강수는 단호했어요. '사랑이 중요하다. 내가 사랑하는 이 여성과 결혼하겠다.' 결국 강수는 평민 여성과 결혼하게 된답니다. 당시로썬 정말 흔치 않던 일이었죠.

 비슷한 시기 '원효'라는 인물도 있었어요. 원효는 승려였어요. 원효는 의상과 함께 당나라 유학을 떠납니다. 불교를 더욱 깊게 배워 보고 싶어서 유학길에 올랐던 것이지요. 지금처럼 자동차가 있었던 게 아니었기 때문에 걸어서 중국까지 가는 수밖에 없었어요. 어느 날은 하루종일 걷다가 밤을 보낼 집을 찾지 못했어요. 너무나 당혹스러워서 쉴 곳을 찾다가 우연히 동굴을 발견하게 된답니다. '그래, 동굴에 들어가서라도 쉬자.' 동굴에 기대어 쉬고 있는데 목

이 너무 마른 거예요. 물은 없을까 했는데 근처에 바가지가 하나 있고 물이 담겨 있는 거예요. '와, 정말 다행이다.' 벌컥벌컥 맛있게 먹었죠. 그리고 편안하게 잠이 들었답니다.

다음 날 원효는 큰 충격을 받아요. 자신들이 머물렀던 곳이 무덤이고 바가지는 해골이었고 맛나게 먹었던 물은 시신이 썩은 물이었던 것이지요. 원효는 구토를 하였고 서둘러 무덤 밖으로 나왔답니다. 모든 것이 혼란스러웠어요. 어제 그렇게 맛있게 먹었던 게 썩은 물이었고 따뜻했던 동굴이 무덤이었다니. 처음에는 불쾌했지만 시간이 지날수록 고민이 깊어졌답니다. '결국 사람 마음이 중요한 것이 아닌가. 어제와 오늘 바뀐 것은 아무 것도 없다. 단지 바뀐 것은 내 마음 뿐. 마음을 달리 먹으면 해골이 바가지가 되고, 썩은 물이 생수가 될 수 있지 않은가. 나는 왜 유학길에 올랐던가. 유학이 무슨 의미가 있을까. 정말로 진리를 추구하려고 한다면 그냥 지금 이곳에서도 가능하지 않은가.'

원효는 유학을 포기하고 독자적인 수행을 거듭합니다. 그리고 큰 깨달음에 올라요. 그 결과 《대승기신론소》라는 불교사에 중요한 역작을 남겼어요. 원래 승려들은 머리를 밀고 절에서 모여 살면서 수행을 하잖아요? 큰 깨달음에 도달한 원효는 이러한 생활을 포기하고 민중들과 함께 살아갑니다. 머리도 기르고, 민중들이 이해하기 쉬운 언어로 불교의 진리를 가르쳤어요. 민중들의 고난을 함께 체험하고, 민중들을 위한 가르침을 나누면서 민중들과 함께 울고 웃으면서 살았어요.

원래 불교는 귀족들만의 것이었어요. 소수림왕, 법흥왕 등 왕이 불교를 소개했고 철저하게 왕과 귀족을 위한 종교였던 것이지요. 하지만 원효에 의해서 불교는 왕과 귀족의 불교가 아닌 민중의 불교로 거듭납니다. 일반 민중들의 삶에 위로를 주고, 희망을 주며, 방향을 제시하는 불교가 된 것이지요. 현실에서 삼국을 통일한 인물은 김춘추와 김유신이겠지만 마음과 정신의 통일을 이룩한 인물은 원효였습니다. 칼과 무력으로 백제와 고구려를 무너뜨린 김춘추와 김유신, 현실을 초월하여 진리를 가르치고 나눈 원효. 둘 중에 누가 더 위대한 인물일까요? 둘 중에 누가 더 의미 있는 일을 했던 걸까요? 둘 중에 누가 세상에 더 강한 영향을 미쳤을까요? 역시 정답은 없답니다. 함께 생각하면서 우리 자신을 돌아보았으면 합니다.

진리를 찾아 떠난 혜초와 불국사 그리고 석굴암

왜 사람이 사는 것도 아닌데 절을 지어요?

: 공간에 의미를 부여하는 인간 :

사람이 살아가는 세상은 집으로 이루어졌어요. 우리 집, 친구 집, 옆집, 대통령이 사는 집 등 조금 더 정확히 말하면 건축물로 이루어졌다고 할 수 있겠죠? 사람들이 의식주를 해결하는 가정집, 학교나 박물관 혹은 놀이동산 같은 공공건물 그 밖에 공원, 다리, 조성된 숲 등 사람들은 생활하기 위해 건물을 짓고, 문화를 누리고 즐기기 위해 공간을 조성합니다. 물론 자연재해를 대비하거나 여러 위험으로부터 스스로를 보호하기 위한 대비책도 마련하죠. 더불어 사람들은 예술적 감각을 지니고 자신들의 공간을 아름답고 멋지게 만듭니다. 참 독특한 부분이에요. 그저 생존을 위해 안전한 거주지를 마련하는 것이 아니라 다양한 용도에 따라 다양한 크기와 모양의 건물을 지어요. 단순히 건물을 짓는 것이 아니라 건물에 의미를 부여하고 예술적 감각을 바탕으로 보다 멋들어진 건물을 세우죠. 그리고 그러한 건물을 적당한 장소에 배치해서 특정한 공간이 훨씬 의미 있고 심오하게 보이도록 하고요.

> **심오하다**
> 사상이나 이론이 깊이가 있고 오묘한 걸 말해요.

생각해 봐요. 한두 번쯤은 박물관에 가 보았을 거예요. 느낌이 어땠죠? 집이나 학교에 비해 천장이 훨씬 높아요. 공간을 넓고 시원시원하게 만들었죠. 통유리와 조명을 적절히 활용해서 유물을 잘 볼 수 있게 만들어 놓았잖아요? 분위기가 엄숙하기 때문에 떠들기도 그렇고요. 놀이동산은 많이 가 보았죠? 입구에서부터 화려한 원색의 캐릭터들이 반겨준답니다. 일하는 직원들은 밝고 경쾌한 색의 옷을 입고 놀이기구들도 화려하기 짝이 없어요. 돌아다니다 보면 마술 쇼를 구경할 수도 있고 멋진 의상을 입고 춤을 추거나 행진하는 모습을 볼 수도 있답니다. 놀이기구를 타는 것도 재밌지만 놀이동산에 가는 것 자체로 기분이 뿌듯하고 설레잖아요? 바로 이런 점이 건축과 공간 조성이 지닌 힘이에요. 특별한 장소를 특별하게 만드는 능력이 인간에게 있는 것이지요.

: 왕권을 드러내고 민중을 위로하던 장소 :

삼국 시대 들어와서 가장 중요한 변화는 불교의 도입이에요. 신화와 전설을 믿으며 살던 사람들이 불교라는 새로운 정신세계를 접하게 된 거예요. 충격적인 사건이라고 할 수 있어요. '우리 왕은 알에서 태어났다!', '우리 부족은 곰의 후예이기 때문에 신성하다!'와 같이 단순한 사고방식으로 살아가던 사람들이 고도의 정신세계를 추구하는 불교를 마주했을 때 기분이 어땠을까요?

물론 불교를 들여올 때의 목적은 왕권 강화였답니다. 법흥왕, 진흥왕 같은 이름들이 모두 불교적인 용어들이거든요. 백성들에게 '내가 살아있는 부처니 나를 따르라.', '귀족들의 신화와 전설과는 비교할 수 없는 위대한 존재가 국왕이다.'라는 생각을 심을 목적으로 불교를 소개했던 것이지요. 그러한 왕의 위세를 돋보이게 하기 위해서 삼국의 국왕들은 거대한 절을 짓기 시작해요. 넓게 절터를 만들고 큰 건물을 여러 채 세우고 무엇보다 높은 탑을 쌓죠. 신라의 황룡사지 목탑이나 백제의 미륵사지 석탑이 대표적이에요. 왕은 여력이 있을 때마다 정림사, 감은사, 분황사 등의 절을 지었어요. 하지만 현재는 이러한 절들이 남아 있지 않지요. 아예 흔적도 없거나 석탑 정도가 남아 있는 경우가 많아요. 현재는 절이 아니지만 과거에는 절이 있었던 곳에 '지(址)'라는 말을 붙인답니다. 백제나 신라 역사 여행을 하다 보면 미륵사지, 황룡사지, 정림사지, 감은사지, 분황사지와 같은 유적지 이름을 볼 수 있는데 이들 모두 과거에 절이 있었다는 표현입니다. 대부분 커다란 석탑들만 남아 있죠.

시간이 지날수록 불교는 왕을 위한 종교가 아니라 민중을 위한 종교로 바뀌게 된답니다. 불교 사상이 소개가 되고 많은 사람들이 승려가 되고 불교 교리에 대해 깊이 연구하면서 변화가 일어난 것이지요. 불교 교리들은 '사람들은 불필요한 것들에 관심을 갖고 참된 진리를 외면하면서 살아간다. 그러다 보니 잘못된 고통과 괴로움에서 벗어나지 못한다. 그러니 참진리를 향한 새로운 삶을 살아야 한다. 돈, 성공, 명예, 욕망은 모두 불필요한 것들이다. 세상의 본질을 보아라. 세상은 끊임없이 변화한다. 그렇기 때문에 모든 것은 끝내 사라진다. 시간이 흐르면 나조차도 사라진다. 그런데 왜 사라질 것에 관심을 두고 집착하며 싸움을 벌이고 서로를 고통스럽게 하는가. 헛된 욕망을 버리고 자비로운 삶을 살자.'와 같은 가르침을 주었어요. 이런 교리들이 승려들과 민중 사이에 스며들면서 불교는 왕의 종교에서 일반인들의 종교로 변화하게 되었답니다.

: 불국사와 석굴암 :

오늘날 우리나라에서 가장 유명한 절이 있다면 불국사와 석굴암일 거예요. 신라 천년 역사의 예술혼을 간직한 곳으로 유명하죠. 불국사와 석굴암은 기존에 지어졌던 절에 비해 규모가 작고 외진 곳에 지어졌어요. 왕이 자신의 권력을 드러내기 위해 지은 것이 아니라 김대성을 중심으로 불교를 진심으로 믿었던 사람들에 의해 만들어졌기 때문에 그렇답니다. 규모보다는 불교의 진정성을 건축에 담고 싶어 했다는 점이 중요해요. 우선 절에 다다르려면 꽤 긴 길을 걸어 올라가야 해요. 도중에는 시내가 흐르기 때문에 이곳을 넘어가야 합니다. 절에 도착하고 나면 높은 계단을 걸어 올라가죠.

그러고 나면 비로소 석가탑과 다보탑이 우리를 맞이해 준답니

불국사에 도착하면 이처럼 높은 계단인 청운교와 백운교를 걸어 올라가야 해요.

다. 높은 곳을 향해 길을 걷는다는 것은 진리를 추구한다는 것을 의미해요. 시내를 건넌다는 것은 욕망에서 벗어나 진리를 추구한다는 것을 말하고요. 그리고 탑은 부처님을 상징하는 거예요. 지금은 탑도 있고 불상도 있지만 처음에 인도에서 불교가 등장했을 때는 탑밖에 없었어요. 탑을 통해 부처님과 불교의 진리를 표현하고자 했어요. 석가탑(삼층석탑)의 경우 깔끔하고 예쁘면서도 전체적으로 매우 균형 있고 차곡차곡 쌓여서 높은 곳을 향하고 있잖아요? 진리를 추구하는 부처님의 모습을 형상화한 것이랍니다. 다보탑 역시 너무나 화려하면서도 예쁘잖아요? 법화경이라는 경전에서 부처님이 진리를 가르치는 모습을 아름답게 표현한 거예요. '진리를 추구하는 삶은 석가탑이나 다보탑처럼 위대하고 아름다운 것이다.'라는 의미라고 할 수 있겠죠.

석가탑과 다보탑

부처님이 진리를 가르치는 모습을 아름답게 표현했어요!

석가탑이 차곡차곡 높은 곳을 향하는 모습은 진리를 추구하는 부처님의 모습을 닮았어요!

 같은 시선으로 석굴암을 바라보아도 비슷한 느낌이 들 거예요. 석굴암의 경우에는 신라 불교 조각의 백미라고 합니다. 부처님의 모습을 새기는 조각상은 그리스에 영향을 받아서 뒤늦게 발전했답니다. 이를 간다라 양식이라고 해요. 인도 북부 간다라 지역에서 그리스 조각 기술이 불교 예술에 영향을 주었거든요. 석굴암의 가운데 있는 본존불은 석상이라고 하고, 벽에다가 모습을 새기는 방식을 부조라고 해요. 석굴암은 석상과 부조 예술의 결정체입니다. 석굴암은 인공 석굴이에요. 인공적으로 굴을 파고, 여러 돌판을 만들

석굴암 내부 전경

본존불

어서 석굴을 만든 거예요. 이 모습 또한 인도의 영향을 받았어요. 인도에서는 굴을 파서 부처님을 모시는 석굴 사원이 많았어요. 중국 서북부와 중앙아시아 또한 비슷했죠. 이 지역은 기후가 건조하기 때문에 비가 잘 오지 않아요. 커다란 산들이 우리나라처럼 단단한 화강암으로 이루어지지 않았기 때문에 쉽게 굴을 팔 수 있었고요. 그래서 굴을 파고, 굴 안에 부처님을 조각하거나 그림을 그리는 문화가 크게 발전했어요. 우리나라의 경우 그것이 불가능했기 때문에 석굴사원은 없다시피 합니다. 석굴암이 유일하게 단단한 돌로 인공 석굴을 만든 거예요. 문화가 전파되면서 창조적인 재해석이 이루어진 것이지요.

: 혜초의 왕오천축국전 :

구법승이라고 들어보았나요? 진리를 구하는 승려라는 의미에요. 동아시아에서 불교가 전파되면서 불교를 깊이 이해하기 위해 불교의 본고장으로 유학을 떠나려는 사람들이 있었어요. 중국에서 인도로, 우리나라에서 중국으로, 일본에서 중국으로 많은 사람들이 진리를 배우고자 여행을 떠났답니다.

그러한 기행 중에 가장 유명한 이야기가 《서유기》랍니다. 삼장법사와 함께했던 손오공, 저팔계, 사오정 얘기를 들어 본 적이 있죠? 삼장법사는 실존인물이에요. 당태종 이세민 때의 현장이라는 승려였는데 인도로 건너가 오랫동안 불교를 연구하고 돌아와서 중국 불교 발전에 큰 영향을 미친 인물이랍니다. 당시에는 인도로 유학을 떠나려면 별도의 교통수단 없이 걸어가야만 했는데, 크게는 타클라마칸사막과 히말라야산맥이 가로막고 있고 작게는 천산산맥 등을 넘어야 하는 고행길이었어요. 인도로 가다가 죽었던 승려들도 부지기수였어요. 그러다 보니 후대 사람들이 현장의 활동을 두고 여러 재미난 상상을 붙여서 서유기라는 이야기를 만들게 된 것이지요.

원효도 유학을 생각했었잖아요? 실제로 함께 유학길을 떠났던 의상은 홀로 중국에 유학을 가요. 화엄종에서 불교를 배우고 돌아와서 신라 불교 발전에 중요한 역할을 했답니다. 그가 세운 절이 경상북도 영주에 있는 부석사라는 절이에요.

부석사와 관련된 재미있는 전설이 있어요. 의상이 중국에서 유학을 하고 있을 때 한 여성이 의상을 사랑했거든요. 하지만 승려와 결혼할 수 없어서 상사병을 앓다가 죽어요. 죽기 전에 예언을 하죠. 내가 용으로 다시 태어나 의상을 돕겠다고요. 의상이 유학을 마치고 서해를 통해 귀국할 때 험한 바닷길에서 용이 나타나서 그를 보호했다고 해요. 부석사를 세울 때도 반대가 심했는데 용이 나타나서 거대한 돌을 들어올리는 이적을 발휘했다고 해요. 부석사를 한자로 풀이하면 '뜰 부(浮)', '돌 석(石)'이거든요. 의상을 사랑한 용이 돌을 들어올려서 세운 절이라는 의미랍니다.

혜초라는 인물도 있었어요. 당시 많은 이들이 당나라로 유학을 갈 때 혜초는 보다 대담한 계획을 세웁니다. 우선 당나라로 유학을 가요. 그리고 중국 북부에서 남부까지를 여행하며 불교를 배웁니다. 다시 중국 남부에서 배를 타고 동남아시아를 거쳐서 인도로 가

혜초의 여정

요. 그리고 인도의 여러 나라들을 돌아다니면서 불교를 배웁니다. 그 후 그는 걸어서 중앙아시아를 통과해서 중국을 거쳐 신라로 돌아와요. 어마어마한 여정을 소화했던 거예요. 비행기나 기차를 이용한다고 해도 오래 걸리는 길을 걷거나 배를 타고 이동을 했다는 게 일반인으로써는 엄두가 나지 않죠. 그가 남긴 글이 《왕오천축국전》이랍니다. '천축국'은 인도를 이야기해요. '왕오'는 다섯명의 왕을 의미하고요. 인도에 있는 5개의 국가를 관찰한 기록이랍니다. 이 책은 1,000년 이상 중국 서북부 돈황의 석굴 사원에 있었어요. 폴 펠리오라는 프랑스 고고학자가 발견하면서 20세기 들어 세상에 알려졌답니다.

정말 대단하지 않아요? 신라사람으로 태어나서 중국, 동남아시아, 인도, 중앙아시아를 가로지르며 온갖 문물을 구경하고 다양한 사람들을 만나고 그 가운데 진리를 추구했던 인물. 요즘으로 말하면 정말 멋진 배낭여행가라고 할 수 있을까요?

발해의 탄생

발해가 고구려를 계승했다는 것을 어떻게 알 수 있지요?

: 어디까지 한민족일까요? :

'우리'라는 단어를 말할 때 어떤 느낌이 들어요? '우리 가족', '우리 반', '우리 민족', '우리나라' 등등 우리라는 단어를 정말 많이 사용해요. '우리'라는 표현을 들으면 편안함, 안정감, 소속감 같은 게 느껴지죠. 함께한다는 기분이 드니까요. 우리라는 단어가 주는 묘한 감정이에요. 그런데 아무나 우리라고 할 수는 없잖아요? 옆 반 친구랑 아무리 친해도 우리 반이라고 할 수 없고, 응원하는 팀이 다를 때 "우리는 한 팀이야."라고 말할 수도 없고요.

생각해 봐요. 우리라는 단어를 쓰기 위해 갖추어야 할 조건들이 있어요. 나라를 기준으로 이야기해 볼게요. 우선은 객관적인 조건이 있어야 해요. 같은 영토 안에 살아야 하고, 같은 말을 쓰고, 같은 종교와 문화를 누려야겠죠. 한국과 중국 그리고 일본은 영토도 다르고 쓰는 말도 다르고 종교나 문화적인 면에서도 큰 차이를 보여요. 따라서 한중일이 교류하며 친하게 지낼 수는 있지만 우리나라, 우리 민족이라고 표현할 수는 없을 거예요. 아울러 **객관**적인 조건 뿐만 아니라 '우리는 하나'라고 말할 수 있는 **주관**적인 소속감도 있어야 해요. 중국에 사는 조선족, 미국이나 일본에 사는 교포 그리고 멀리는 중앙아시아나 연해주에 사는 고려인들을

> **객관과 주관**
> 객관은 제삼자의 입장에서 사물을 보거나 생각하는 것이고 주관은 나만의 견해나 관점을 말해요.

생각해 봐요. 오랫동안 다른 나라에 살았기 때문에 영토도, 말도, 종교도, 문화도 다르거든요. 하지만 '한민족'이라는 믿음이 있어요. 왜일까요? '나는 중국에 살지만 한국인이다.', '나는 미국에 살지만 한민족이야.' 이런 믿음을 가지고 사니까요. '우리'라는 단어를 사용할 때는 여러 객관적인 조건도 있어야 하지만 무엇보다 주관적인 신념이 있어야 한다는 사실을 함께 기억해야 한답니다.

: 고구려의 멸망과 발해의 성장 :

668년에 고구려가 멸망한 이후 고구려 유민들은 어떻게 되었을까요? 고구려의 마지막 국왕인 보장왕을 비롯하여 상당수의 귀족들은 강제로 당나라에 끌려가서 살았어요. 검모잠 같은 사람들은 세력을 규합하여 부흥운동을 하며 당나라와 치열하게 싸우다 생을

마감했습니다. 어떤 사람들은 당나라에 빌붙어 권세를 누리기도 했을 거고, 어떤 사람들은 돌궐이나 말갈족 혹은 신라 쪽으로 옮겨가서 생활을 이어갔을 거예요. 그렇게 30년이 흐른 후 비로소 만주에서 고구려의 후예임을 자처하는 발해라는 나라가 들어서게 됩니다.

발해를 세운 인물은 대조영이에요. 과거 고구려의 장군이었는데 고구려 유민들과 걸사비우 같은 말갈족을 끌어들여 세력을 만들었어요. 당나라는 고구려 유민뿐 아니라 거란, 해 등 여러 민족을 지배했는데 이진충이 이끄는 거란족이 요서 지방의 영주에서 반란을 일으켰어요. 랴오둥(요동)반도는 랴오허라는 강을 중심으로 요서와 요동으로 나뉘어진다고 했잖아요? 요동 동편이 과거 고구려의 영토였고요. 이진충의 반란으로 인해 랴오둥반도 일대에 당나라의 지배력이 약해졌던 게 결정적이었어요. 계속 기회를 엿보던 대조영과 고구려 유민들이 대탈출을 감행합니다. 당나라는 이해고라는 장수에게 대군을 주어 대조영 일파를 무너뜨리려 했어요. 하지만 천문령 계곡에서 격렬한 전투를 통해 대조영이 이해고를 물리칩니다. 대조영은 요동을 지나 과거 고구려 활동의 주무대였던 동모산 일대에서 나라를 세웁니다.

나라를 세우는 것도 힘들었지만 유지하는 일도 보통이 아니었어요. 이진충의 반란을 진압한 당나라는 발해에 적대적이었으니까요. 대조영의 아들 무왕 때 위기가 심각해졌어요. 발해는 고구려 유민과 말갈인들이 세운 나라였거든요. 사실 고구려도 그랬어요. 한반도에 비해 만주에는 다양한 민족들이 살아가고 있었고 고구려는 백제나 신라에 비해 민족 구성원이 다양했으니까요. 누가 고구려인

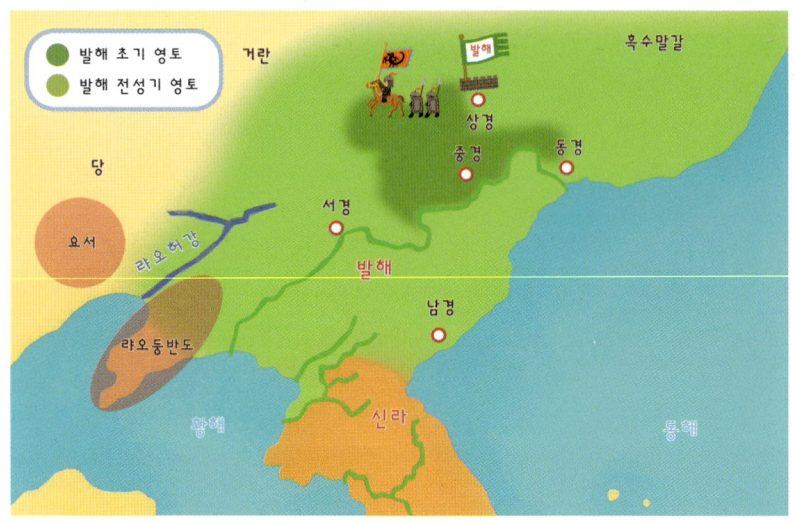

이고 누가 말갈인인가는 애매하답니다. 다만 고구려를 비롯한 우리 민족이 농업 생활을 했고 말갈인들이 수렵 생활을 했다는 점에서 차이가 있을 뿐이에요. 말갈인들 중 상당수는 발해의 구성원으로 살아가고 있었지만 흑수말갈 같은 부족은 아니었어요. 그들은 당나라와 독자적인 관계를 만들면서 독립하고 싶어 했죠. 무왕 때 이 문제가 심각해져요. 당나라와 흑수말갈이 신생 국가 발해를 협공할 수 있는 상황이 생긴 거니까요. 무왕은 단호하게 대처합니다. 먼저 당나라를 공격했어요. 육군을 직접 이끌고 당나라에 맞섰고 장문휴라는 수군 장수를 시켜 산둥반도의 등주를 공격하게 했어요. 발해가 독립한 후에도 양국 간의 무력 충돌이 이어졌던 거에요. 무왕의 이런 적극적인 노력으로 위기는 극복이 됩니다.

그리고 시간이 지나면서 발해와 당나라는 사이가 좋아져요. 당나라의 입장에서는 어차피 독립한 국가이고 만주와 한반도를 중국이 다스린다는 게 여간 어려운 문제가 아니었으니까요. 발해 역시 마찬가지예요. 오랜 전란으로 부담이 컸고 당나라가 선진 문물을 가진 국가이기 때문에 교류하는 게 여러모로 유리했어요. 문왕 때가 되면 두 나라는 적대적인 관계를 청산하고 교류하며 잘 지냈습니다.

> **행정제도**
> 나라를 운영하기 위해 만든 다양한 제도를 말해요.

발해는 당나라의 제도를 적극적으로 받아들였어요. 발해의 수도인 상경용천부는 당나라의 수도 장안성과 구조가 유사하고 3성6부제 같은 **행정제도** 역시 당나라의 시스템과 비슷하답니다. 7세기 이후 당나라의 문화는 동아시아 전역에 퍼져 나갑니다. 율령, 불교, 한자 등 당나라에서 크게 번성한 문화가 발해나 신라는 물론이고 베트남, 일본 그리고 북방민족에까지 영향을 주었답니다. 율령이라는 체계적인 법 제도를 가졌던 나라가 당시로써는 지구상에 거의 없었거든요. 중국의 경우 이미 춘추전국시대 때부터 법이 발전했고 약 1,000년간의 과정을 통해 당나라 때 완성이 되거든요. 왕과 관료를 중심으로 나라를 통치하는 시스템이 마련된 거예요.

불교는 인도에서 발생한 종교예요. 그리고 실크로드를 통해 중국에 전파된답니다. 구마라습, 달마 같은 승려가 직접 중국에 와서 불교를 가르치기도 했고 현장법사 같은 중국 스님들이 직접 인도를 찾아가기도 했답니다. 이러한 교류를 통해 불교가 중국에 정착했는데 우리나라와 일본의 승려들이 중국에 유학해서 불교를 배워

옵니다. 당시로써는 한글도 없었고 동아시아의 유일한 문자가 한자밖에 없었거든요. 한자는 뜻글자이기 때문에 발음을 표현하는 데는 한계가 있었지만 말을 몰라도 의미를 파악할 수 있는 장점을 가진 문자에요. 즉, 중국인, 한국인, 일본인이 서로 말은 달라도 한자를 익히면 의사소통은 물론이고 지식을 공유할 수 있었습니다. 자연스럽게 한자는 동아시아의 보편적인 문자로 활용이 되었답니다. 중국 역사에서 한나라가 중국의 전통을 만든 왕조라면 당나라는 중국의 문화를 동아시아에 전파하며 '동아시아 문명권'을 만든 나라로 평가됩니다. 그러니 발해 또한 당나라의 영향을 많이 받을 수밖에 없었죠.

: 고구려의 민족의식을 계승한 나라, 발해 :

선왕 때가 되면 발해는 최고의 전성기를 누리게 됩니다. 과거 고구려의 영토를 대부분 회복했고 특히 오늘날 연해주 일대까지 진출합니다. 연해주 쪽은 고구려가 진출하지 못했던 곳이거든요. 발해는 왜와의 교류가 활발했어요. 생각보다 오랜 기간 신라와 사이가 좋지 못했고 그다지 신라와 가깝게 지내지도 않았어요. 대신에 왜와의 관계는 적극적이었답니다. 덕분에 현재 발해에 관한 기록이 일본에 많이 남겨져 있어요. 발해의 사신들이 외교 문서를 들고 왜를 자주 방문했거든요.

흥미로운 점은 발해의 왕들이 스스로를 고려의 후계자라고 했다는 점이에요. 외교문서를 보면 발해가 스스로를 발해라고 부르지 않고 '고려'라고 불렀다는 점을 알 수 있어요. 실제로 발해는 뒤늦게 중국에서 붙여준 명칭이었어요. 대조영은 자신이 세운 나라를 '대진'이라고 불렀답니다. 고려는 고구려의 다른 이름입니다. 장수왕 때 고구려는 수도를 평양으로 옮겼고 국호를 고려로 바꾸었거든요. 즉, 고구려가 고려였던 것이지요. '우리 발해는 고려이다. 우리 발해인은 고구려인이다.' 이런 주장을 발해가 공식적으로 했던 거예요. 발해는 모든 면에서 제2의 고구려라고 할 수 있어요. 고구려 유민들이 세운 나라이고, 고구려의 영토를 회복하면서 발전했고 스스로를 고구려인이라고 여겼으니까요. 고구려가 망한 지 30년 만에 세워졌으니 나라가 없는 시절이 30년이기는 하지만 민족의식은 그대로 유지가 되었던 것이지요.

698년에 건국된 발해는 926년까지 번성하다가 거란이 세운 요나라에 의해 멸망합니다. 안타깝게도 발해에 관한 기록은 거의 없어요. 발해인들 스스로 역사 기록을 남기지 않았고 오랫동안 발해에 관한 관심과 연구가 없었거든요. 조선 후기가 되어서야 비로소 유득공이라는 인물이《발해고》라는 책을 처음 썼답니다. '발해사[史]'라고 부르기에는 너무 내용이 부족해서 '발해에 대한 생각'이라는 의미로 '발해고[考]'라고 제목을 붙였다고 합니다. 그래서인지는 몰라도 발해가 어떻게 멸망했는지에 대해서도 자세한 기록을 찾기는 어렵습니다. 거란 사람들이 쓴《요사》라는 책에 간단히 나와 있는 정도예요.

한때 백두산 화산 폭발 때문에 발해가 멸망했다는 주장도 있었어요. 일본 홋카이도 지방의 화산재를 연구하던 학자들이 중요한 단서를 발견한 거예요. 일본에서 만들어지지 않은 화산재가 홋카이도는 물론이고 일본 전역에 남겨져 있다는 사실을요. 추적해 보니 약 946년 경에 대규모의 화산 폭발이 있었던 거예요. '백두산 화산 폭발로 인해 발해가 멸망한 것은 아닐까?' 화산이 폭발하면 날씨가 안 좋아지니까 농업 생산력이 떨어지고 그만큼 국가 경제가 어려워지잖아요? 더구나 폼페이 화산 폭발처럼 대폭발이 일어날 경우 인근 지역이 화산으로 뒤덮일 수도 있고요.

하지만 이 주장은 사실이 아닌 것으로 판명이 났어요. 화산 폭발보다 발해 멸망이 20년 빨랐거든요. 발해가 멸망한 후 백두산이 폭발했으니 두 사실 사이에 **인과관계**가 성립되지 않았던 것이지요. 그리고 아무리 대규모의 화산이 폭발하더라도 나라가 망하는 경우는 없다시피 해요. 이탈리아 폼페이의 경우도 폼페이라는 도시가 망했던

> **인과관계**
> 어떤 일이 일어난 원인과 결과 관계를 말해요.

거고 로마제국이 멸망했던 것은 아니니까요. 애초에 폼페이는 화산 옆에 지어진 도시였지만 발해의 주요 도시는 백두산과는 멀리 떨어져 있답니다. 설령 화산 폭발이 일어났더라도 폼페이처럼 도시가 파괴되는 일은 없었다는 것이지요. 그럼에도 불구하고 이런 연구는 의미가 있어요. 과학을 통해 기록이 없는 시대를 분석하려고 한 거니까요.

발해가 멸망한 이후 고구려를 계승하는 나라는 등장하지 않습니다. 발해의 유민 중 상당수는 후삼국시대를 통일한 고려로 이주합니다. 만주 일대에 정안국, 후발해국 등 여러 나라가 세워지기도

했지만 오래가지 못했고 무엇보다 스스로를 고구려의 후예라고 주장하지 않았어요. '우리'라는 주관적인 신념이 사라져 버린 거예요. 발해의 멸망 이후 만주는 우리의 역사에서 멀어진 공간이 되어 버리고 맙니다.

통일신라라는 꽃이 시들다

크고 화려했던 나라들이 사라지는 이유는 뭐예요?

: 신라라는 아름다운 꿈 :

'화무십일홍(花無十日紅)'이라는 말이 있어요. 아름다운 꽃도 열흘을 넘길 수 없다는 뜻이에요. '권불십년(權不十年)'이라는 말도 있죠. 어떤 권력도 10년을 갈 수 없다는 뜻이에요. 모든 것에는 다 시작과 끝이 있고 전성기와 쇠퇴기가 있다는 말입니다. 아무리 인기 있는 가수나 연예인도 때가 되면 인기를 잃게 되고, 아무리 잘나가던 사람도 때가 되면 나이가 들어 은퇴를 하는것이 세상의 이치죠. 나라도 마찬가지예요. 한때는 강력했던 국가가 여러 이유 때문에 쇠퇴하게 되고 멸망합니다. 고구려, 백제가 그랬듯 삼국을 통일했던 신라 역시 마찬가지였어요. 어디 우리나라뿐이겠어요? 세상의 모든 나라가 그러한 과정을 거치게 됩니다. 그래서 '인생사 일장춘몽'이라는 말도 생겼나 봐요. 어차피 때가 되면 모두 세상을 떠나게 되니 '인생이라는 것은 봄날에 꾸는 긴 꿈과 같구나.' 이런 뜻이랍니다.

: 아라비아 상인까지 왕래했던 신라의 무역항 울산항 :

나당전쟁에서 승리한 이후 신라는 어떤 역사를 만들어 갔을까요? 당나라와는 곧장 친선 관계를 회복했어요. 토번 문제도 있었고 거란에 발해까지 등장하는 바람에 당나라가 신라와 적대적인 관계를 유지할 여력이 없었죠.

발해와 신라는 초기에 매우 적대적이었답니다. 그럴 수밖에 없었죠. 발해를 세운 사람들이 고구려인들이었으니까요. 고구려 멸망의 원인이 되었던 신라와 친하게 지낼 이유가 없었죠. 그렇다고 두 나라가 크게 전투를 벌이거나 과거와 같은 통일전쟁을 하거나 그러지는 않았어요. 삼국통일이라고는 하지만 신라의 목표는 백제 멸망이었던 측면이 크거든요. 발해 역시 신흥국가인 데다 당나라, 흑수말갈 등 적대적인 세력이 많았기 때문에 신라와 크게 다툴 여지가 없었죠. 발해의 문왕 때가 되면 신라와 친선 관계가 확립되고 신라도라는 교통로가 만들어지는 등 관계 개선이 이루어집니다. 그렇다고 발해와 신라가 서로를 하나의 민족으로 여기고 통일을 해야 한다거나 다른 나라에 비해 훨씬 깊이 있는 교류를 하거나 하는 모습을 찾아볼 수는 없어요.

통일신라는 935년에 멸망할 때까지 약 270년 정도 번성합니다.

해양 교류가 꽤 번성했어요. 아라비아 상인들이 뱃길을 이용해서 신라의 무역항인 울산항으로 찾아왔답니다. 그래서인지 신라 왕릉에 세워진 무인상이 이슬람 무사의 모습을 한 경우가 종종 있어요. 발굴 유물 중에는 로마에서 제작된 유리그릇 같은 것도 많이 등장하고요. 신라 하면 금관이 유명하잖아요? 고구려나 백제에 비해 무덤을 매우 크게 만들었어요. '돌무지덧널무덤'이라고 하는데 제작에 보통 공력을 들인 게 아니에요. 우선 시신에 온갖 치장을 합니다. 생전에 입던 고급 비단옷을 갖춰 입고 금관은 물론이고 옥구슬, 금동 장식 등등 당시 온갖 사치스러운 물품을 몸에 치렁치렁 둘러요. 금으로 만든 장신구가 특히 많아요. 금관, 금귀걸이, 금이 들어간 허리띠나 각종 액서서리 등등 가야나 마한 같은 다른 지역의 부장품에서도 금 장식품이 발견되지만 신라인들이 더욱 금을 사랑했던 것 같아요.

왜 유독 신라가 금에 대한 애착이 강할까에 대해 역사학자들의 고민이 컸어요. 고대사회에서 금은 그렇게까지 중요한 자원이 아니었거든요. 높은 신분과 좋은 땅이 훨씬 중요했으니까요. 그리고 이웃나라 중국의 경우 금보다는 옥을 훨씬 소중하게 여겼어요. 옥이 가장 귀한 보석이었죠. 금을 중요시하는 나라는 흉노예요. 흉노는 화려한 금관과 금속 악세사리를 많이 만들었답니다. 흉노를 비롯해서 북방민족들이 금을 중요하게 여겼던 것이지요. 그래서 일부학자들은 흉노의 일파가 신라에 정착한 것이 아닐까 하는 생각을 한답니다. 한민족의 형성 과정에서 흉노 같은 북방민족이나 유목민족도 참여했다는 생각이죠. 흉노와 신라가 금을 소중히 여기는 문화를

교동금관과 금 가는 고리 귀걸이

황남대총 금제허리띠

금으로 만든 골무를 씌운 청색 옥이 장식되어 있어요!

공유했고 다른 나라에서는 잘 나타나지 않는 모습이기 때문에 북방민족과 적극적인 교류를 했던 것은 분명한 것 같아요.

또 하나 흥미로운 점은 구슬이에요. 금이 워낙 화려하고 특히 오늘날 현대인들이 금을 중요하게 여기니까 금붙이에 관심이 많지만 실제로 신라인들은 금만큼 옥도 좋아하고 구슬을 많이 만들어서 줄에 엮어서 목걸이를 비롯하여 몸에 두르고 다녔거든요. 놀라운 사실은 구슬 중 일부가 태국을 비롯한 동남아시아에서 생산된 것들이에요. 바닷길을 이용해서 남중국해를 거쳐 우리나라까지 많은 사람들이 왔던 거랍니다. 놀랍지 않아요? 지금처럼 과학기술이 발전하지 않았던 시대에 나무로 만든 배를 이용해서 세계의 물산이 신라까지 왔고 그중에는 태국산 구슬, 로마산 유리컵이 있었으니까요.

또한 신라인들은 중국에 많이 진출했어요. 중국 남부 지역에 신라인들이 모여 사는 거주지, 신라인들이 세운 절 등등 신라인들의 공동체가 많이 만들어졌답니다.

: 신라의 활발한 해상교류와 장보고의 등장 :

이 시기 일본인들도 중국을 많이 찾아갔답니다. 삼국이 경쟁을 벌이고 통일전쟁으로 나아갈 때 일본 역시 커다란 사회 변화가 있었어요. 622년에 다이카 개신이라는 사건이 벌어져요. 당나라가 세워진 지 4년 뒤이고, 백제와 고구려가 멸망하기 약 40년 전이거든요. 중국은 수나라가 고구려를 정벌하다가 자멸한 후 당나라가 등장하

통일신라 시대 해상 교역로

여 국가 체제를 정비하는 기간이었고, 삼국은 정말 목숨 걸고 싸우던 시절이었죠. 이 시기 일본도 연맹왕국 단계를 벗어나서 하나의 나라로 발전하고 있었어요. 천황의 권한은 매우 약했고 소가 씨를 비롯한 여러 귀족가문들이 나라를 좌지우지 했거든요. 그런데 나카노오에 황자가 소가 씨를 멸망시키고 천황 중심의 체제를 선포한답니다. 이 사건이 다이카 개신이에요. 일본에서 처음으로 중앙집권화된 나라가 등장한 거랍니다.

이후 일본은 각별한 관계의 백제를 돕기 위해 군대를 한반도에 파병했다가 나당연합군에 패배해요. 이 사건 또한 일본에 미친 충격이 컸어요. 당나라 혹은 신라가 일본에 쳐들어올 것이라는 두려움에 빠지게 된답니다. 전국에 방어시설을 만들며 침공에 대비하는 등 요란법석한 시간을 보내요. 이후 일본은 당나라에 사신을 보내면서 이제 한반도가 아닌 중국과 직접 교류하게 됩니다. 당나라에 보내는 사신을 '견당사'라고 해요. 일본 역시 불교가 발전하면서 엔닌을 비롯한 수많은 승려들이 당나라로 유학을 떠납니다. 중국의 승려가 일본에 건너와서 불교를 전수하기도 하고요.

자, 상상해 보세요. 남해와 서해가 시끌벅적해진 거예요. 신라 사람들, 일본 사람들 그리고 당나라 사람들이 중국, 한반도, 일본 열도를 왔다갔다 하면서 해상교류가 활발해진 것이지요. 더구나 아라비아 상인을 비롯하여 남방에서도 사람들이 몰려오고요. 자연스럽게 해상 치안 문제가 떠올라요. 해적이 등장해서 상선을 공격하고 물건을 약탈하는 등 문제를 일으켰거든요.

이때 등장한 인물이 장보고랍니다. 장보고는 전라남도 완도에 청해진이라는 거점을 마련했어요. 완도는 남해의 끝인데 서해하고도 가깝죠. 완도를 기준으로 오른편에는 일본이 있고 왼편에는 남중국이 있어요. 아래로는 오키나와가 있죠. 장보고는 강력한 해군을 건설하여 이 지역의 무역로를 장악합니다. 해적을 쫓아내고 안전한 항로를 확보하며 해상왕의 자리에 오르게 돼요. 장보고는 우리 역사에서 매우 독특한 인물이에요. 동아시아는 고대 그리스나 로마처럼 해상무역이 활발하게 발달하지 않았거든요. 그러니 해상 세력이라는 것이 크게 성장하지도 못했고요. 하지만 당나라-신라-일본의 해상교류라는 독특한 현상이 등장했고 장보고는 이를 기회로 여기고 큰 성공을 거두게 된답니다.

발상의 전환이 있었어요. 한반도의 중심지는 보통 서울, 개성, 평양이잖아요? 당시에는 경주나 울산이었을 거고요. 그런데 교류와 무역의 흐름이 서해를 중심으로 이루어지니까 장보고는 완도에 주목을 한 거예요. '중심지는 언제나 바뀔 수 있고 상황에 따라 새로운 거점 지역을 만들 수 있다.' 이런 생각을 하고 강력한 리더십으로 군사력을 확충하고 해상무역까지 주도했으니 대단한 인물이었던 것이지요.

: 신라 말기 혼란에 맞선 6두품과 불교의 선택 :

장보고는 암살을 당하면서 생을 마감하고 말았어요. 당시 신라 사회가 매우 혼란스러웠거든요. 신라의 신분제는 처음부터 문제였어요. 진골 귀족 간의 갈등이 심했어요. 서로 왕이 되고자 다투었거든요. 왕을 죽이고 스스로 왕이 되기도 했고, 대규모로 반란을 일으키기도 했답니다. 장보고 역시 이러한 갈등에 휘말려서 죽고 말았어요.

진골 귀족들이 서로 왕이 되겠다고 다투니 나라가 제대로 돌아갈 리가 없죠. 더구나 진골 귀족들끼리 싸우면서 6두품의 처지가 나빠졌어요. 신라는 골품제로 운영되는 사회잖아요? 진골 귀족이 있고 그 밑에 6두품부터 4두품까지 있었어요. 6두품의 경우 아무리 뛰어나도 승진에 한계가 있었어요. 뛰어난 국왕이 안정적으로 국가를 운영할 경우 승진은 안 되더라도 왕의 측근으로 활약하는 등 나름대로 출세할 수 있었어요. 하지만 그런 왕들이 사라지고 진골 귀족의 다툼이 심해지면서 6두품을 비롯한 하급 귀족들에 대해서는 아무도 신경을 안 쓰게 된 것이지요.

대표적인 인물이 최치원이에요. 최치원은 워낙 학문이 뛰어났기 때문에 고려나 조선 때도 그를 인정하고 기렸답니다. 최치원은 빈공과라고 하는 당나라 시험에 합격하여 당나라에서 관리까지 했던 인물입니다. 외교 문서를 잘 썼고 관료로 유능했기 때문에 다양한 활약을 펼치며 중국 사람들 사이에서도 크게 인정을 받았어요. 하지만 신라의 상황이 너무 안 좋아지자 귀국을 합니다. 여러 개혁안을 지어 바쳤는데 당시 국왕도 무능했고 최치원이 6두품이었기 때문에 그의 생각을 주의 깊게 들어주는 사람들 또한 없었죠. 결국 최치원은 개혁을 시도하기는커녕 아무런 인정도 받지 못한 채 산에 들어가 홀로 조용히 생활하고 말았답니다.

이후 6두품들은 신라가 아닌 다른 대안을 모색합니다. 신라에는 '3최'가 있었어요. 3명의 뛰어난 최씨를 모아 부른 말인데 최치원, 최승우, 최신지가 이들입니다. 최승우는 당나라 유학 후 후에 후백제를 세운 견훤을 찾아가고, 최신지는 고려를 세운 왕건의 사람이 돼요. 신라에서 희망을 보지 못하니까 다른 곳을 찾아가 기회를 노리게 된 거랍니다. 최승우와 최신지가 그렇듯 수많은 인물들이 신라를 벗어나 지방의 유력자들을 찾아갑니다. 당시 신라는 귀족 간의 다툼이 심해지면서 경주 일대를 제외하고 나머지 지역은 거의 무정부 상태였거든요. 신라의 감시가 소홀해지자 지방의 유력자들은 군대를 양성하면서 독립적인 세력으로 커나갔답니다. 이들을

'호족'이라고 해요. 호족의 시대가 도래한 것이지요.

　불교계도 크게 변화했어요. 원효나 의상, 혜초 같은 뛰어난 인물을 배출했던 불교는 신라 말에 심각하게 타락해요. 귀족의 후원을 받다 보니 수행도 게을리하고 비단옷을 입고, 수백 명의 노예를 거느리면서 살게 된 거예요. 불교의 본질을 잃어버린 것이지요.

　이를 비판하면서 선종이라는 새로운 종파가 등장해요. 같은 불교지만 수행과 깨달음을 중요하게 여기는 분파예요. 이들은 산에 들어가서 직접 절을 짓고, 스스로 농사짓고, 수행에 집중하면서 불교의 본질을 회복시키고자 많은 노력을 했어요. 당연히 사람들은 귀족 불교가 아닌 선종 불교를 찾게 되었답니다. 선종의 승려들 역시 신라 귀족들과는 거리를 두고 호족들과 가깝게 지냈어요.

　이 시기 도선이라는 승려가 등장하는데 풍수지리설을 주장했어요. 산과 강을 보면서 어디가 좋은 땅인지를 찾는 사상인데 위력이 대단했습니다. 그동안 신성한 땅은 경주밖에 없다고 생각했거든요. 하지만 도선이 '경주 말고도 좋은 땅이 많다, 새로운 땅에서 나라를 시작하면 누구든지 나라를 세울 수 있다.'는 파격적인 생각을 제시한 것이지요. 혼란스러운 가운데 변화가 일어난 거예요. 신라 말기 6두품, 호족 그리고 선종 불교가 등장하면서 말이지요.

제3장

진정한 의미의
한민족,
고려가 탄생했어요

900년
후백제 건국
신라 말기 호족이었던 견훤이 완산주에 나라를 세웠어요.

901년
후고구려 건국
궁예가 나라를 세우고 살아있는 미륵을 자처했어요.

918년
고려 건국
태조 왕건이 궁예를 몰아내고 고려를 건국했어요.

993년
서희의 담판
고려를 침공한 거란의 소손녕과 협상해 강동6주를 얻었어요.

1170년
무신정변
문신과의 차별에 분노한 무신들이 정변을 일으켜 정권을 잡았어요.

1351년
공민왕의 개혁
공민왕이 왕위에 올라 많은 개혁을 추진했어요.

1388년
위화도 회군
이성계가 요동을 정벌하는 대신 위화도에서 돌아와 정권을 장악했어요.

궁예와 견훤 그리고 왕건의 리더십

싸우지 않고
　　전쟁에서
이기는 방법은 없나요?

: 위기를 기회로 삼는 사람들 :

세상은 언제나 끊임없이 변합니다. '나 때는 말이야~' 최근 이런 말이 우스갯소리처럼 돌아다니잖아요? "예전에 우리나라가 얼마나 가난했는지 알아?", "내가 어릴 때는 짜장면이 600원이었고 브라보콘이 150원이었어." 어른들이 이런 이야기를 자주 하시지요? 드라마를 봐도 1980년대나 1990년대를 배경으로 한 작품들이 히트하는 경우가 많아요. 핸드폰도 인터넷도 없고 지금보다는 촌스러웠던 그 시절의 독특한 분위기가 그대로 표현되는 작품들이 색다른 매력으로 다가오는 것이지요.

그렇다고 세상이 그냥 흘러만 가는 건 아니에요. 사회가 부패하고, 민중들의 삶이 어려워지고, 정치가들은 무능해지면, 너무나 혼란스럽고 어려운 시기를 보내기도 한답니다. 위기는 기회라고 했던가요? 이러한 문제를 해결하겠다면서 개혁을 외치는 인물들이 등장해서 인기를 끌기도 합니다. 과거에도 마찬가지예요. 오래된 나라가 망하고 새로운 나라가 등장하기도 하죠. 그리고 그러한 변화를 이끌며 역사에 자신의 이름을 새기는 위대한 영웅들이 나타납니다.

: 후삼국 시대를 연 궁예와 견훤 :

신라 말 후삼국 시대가 열립니다. 궁예가 세운 후고구려, 견훤이 세운 후백제 그리고 신라가 격돌해요. 신라는 경주 일대를 지키기에 급급했고 실상 궁예와 견훤의 대결이었답니다. 궁예가 이겼을까요, 견훤이 이겼을까요? 놀랍게도 최후의 승리자는 왕건이랍니다. 그가 세운 고려라는 나라가 후삼국을 통일합니다.

궁예와 견훤은 특출난 인물이에요. 덕분에 관련 설화가 참 많아요. 궁예의 경우 진골 귀족이었다고 해요. 귀족 간의 갈등이 너무 심했는데 부모님이 죽을 위기에 처하자 궁예만이라도 살리려고 했어요. 궁예가 아기였던 시절이죠. 건물 아래에서 시녀가 받기로 하고 위에서 궁예를 던졌는데 시녀가 손가락으로 궁예의 눈을 찌른 거예요. 덕분에 궁예는 애꾸눈이 됩니다. 이 이야기는 후대에 지어낸 것 같아요. 실제로 문헌마다 다르게 기록되어 있지요. 출신의 특별함을 강조하여 위상을 높이려고 했던 것이지요.

이후 궁예는 절에서 승려로 자랍니다. 성인이 되자 절을 떠나서 세상에 나와요. 기훤, 양길 같은 호족들이 두각을 나타내자, 궁예는 기훤을 찾아갑니다. 하지만 기훤이 궁예를 탐탁치 않아 했어요. 다시 궁예는 양길을 찾아갑니다. 양길은 궁예의 능력을 알아보았죠. 궁예를 적극 후원했고 사위로 삼았어요. 궁예는 뛰어난 장수였어요. 여러 전과를 올리자 양길은 강원도 강릉 지역을 공격하라고 명령합니다. 강릉 공격은 궁예에게는 기회였어요. 양길의 근거지는 원주였거든요. 같은 강원도지만 원주에서 강릉에 가려면 태백산맥을 넘어야 해요. 대규모 원정이었던 것이지요. 궁예는 수천의 군사를 이끌고 강릉을 공격해서 점령합니다. 그리고 곧장 독립을 해요. 양길 입장에서는 분통이 터졌죠. 군대도 빼앗기고 강릉을 얻지도 못했으니까요.

이때부터 궁예는 놀라운 군사 원정을 감행해서 승리를 거둡니다. 강릉에서 개성까지 가로지르는 원정을 한 거예요. 오늘날로 말하면 휴전선 일대를 따라 군대를 동쪽에서 서쪽으로 몰고 간 것이지요. 이를 통해 궁예는 단숨에 강원도와 경기도 그리고 충청도 일부를 손에 넣게 됩니다. 양길과의 싸움에서도 승리를 거두고요. 그리고 개성에 정착해서 후고구려를 선포합니다. 신라가 멸망시킨 나라가 부활한 거예요.

이보다 이른 시기 견훤이 등장해요. 견훤의 탄생 설화는 매우 독특해요. 견훤의 어머니가 어떤 남자와 사귀게 돼요. 그런데 그 남자가 밤에만 찾아오는 거예요. 낮에는 만나 주지 않고요. 너무 이상하잖아요? 그래서 남자의 옷에다 실을 묶어 놓았어요. 다음 날 아침에 그 실을 따라가 보니 세상에나! 마당 근처에 있는 지렁이한테 묶여 있었던 거예요. 지렁이가 밤마다 사람으로 변해서 견훤의 어머니와 만났던 것이지요. 지렁이와 어머니 사이에서 태어난 인물이 견훤이랍니다. 특이한 탄생 설화인데 그만큼 견훤이 당시에는 얼마나 특별했던 존재로 여겨졌는지 보여주는 설화예요.

견훤은 경상북도 상주 출신의 군인입니다. 견훤 또한 대단한 무장이었어요. 전라도 지역에서 군사 활동을 하다 보니 여전히 사람들의 마음속에 백제에 대한 그리움이 남아 있다는 사실을 알게 됩니다. 너무나 사회가 혼란했기 때문에 누군가 새로운 지도자가 나오기를 간절히 기다리는 상황이었고요. 견훤은 전라도 지역의 관리들을 내쫓고 이곳에서 후백제를 선포합니다. 거점지는 완산주였어요. 오늘날의 전주입니다. 전라북도 일대에 자리 잡은 견훤은 대범한 군사 원정을 통해 전라남도와 충청도 일대를 점령합니다. 영토의 크기로 따지면 궁예의 후고구려에 비해 작지만 넓은 영토와 풍성한 인구를 고려한다면 결코 밀린다고 할 수가 없어요.

궁예와 견훤은 바닥에서 시작한 영웅들이에요. 궁예는 승려, 견훤은 하급 무관이었으니까요. 강렬한 리더십, 탁월한 군사 지휘 능력 그리고 조직을 만들고 사람을 부리는 데 능했기 때문에 많은 사람이 궁예와 견훤 곁에 모여들었고 두 나라가 만들어지게 되었답니다. 이 시기 신라는 그야말로 속수무책이었어요. 여전히 진골귀족들 간의 다툼이 심했고 최치원의 개혁안은 받아들여지지 않고 사회개혁 또한 이루어지지 않았답니다. 기껏해 봤자 후고구려나 후백제의 공격을 막아내는 정도였답니다.

: 궁예와 견훤의 힘 겨루기 :

후삼국 시대를 통일하기 위한 궁예와 견훤의 일진일퇴가 반복돼요. 이 와중에 왕건이라는 인물이 등장합니다. 왕건은 개성 일대의 호족이었어요. 개성 앞에는 임진강, 예성강, 한강이 흐르고 곧장 나오면 강화도, 김포를 통해 서해로 나아갈 수 있답니다. 주변에 강이 많고 평지가 많으니 수도로 삼기에 좋은 땅이고 바다로 나가기에도 유리했어요. 왕건은 궁예의 부하였는데 **육전**뿐 아니라 **해전**에서도 뛰어났답니다. 궁예는 왕건에게 전라남도 목포와 나주 일대를 점령하라는 명령을 내립니다. 해상 작전이 전개가 된 거예요. 한반도 중부의 개성에서 배를 몰고 내려와서 한반도 최남단 지역을 공격한 것이지요. 후백제의 해군 사령관은 능창이었어요. 능창은 **분전**했지만 왕건에게 패배하고 맙니다. 또한 목포, 나주 일대를 빼앗기고 말아요. 견훤은 곤란한 상황에 처했어요. 궁예가 북쪽에서 군대를 끌고 내려오고 남쪽에는 왕건이 협공하는 형태가 되었으니까요. 여러 어려움 끝에 왕건의 군대를 몰아내긴 했지만 오랜 기간 견훤은 군사 작전을 벌이는 데 어려움을 겪었습니다.

그런데 상황은 엉뚱한 데로 흘러갑니다. 궁예가 왕건에 의해 쫓겨나게 된 거예요. 시간이 갈수록 궁예는 변하기 시작했어요. 관심법 같은 도술에 심취합니다. 다른 사람들의 마음을 읽을 수 있다면

> **육전과 해전**
> 각각 육지에서 치르는 전쟁과 바다에서 치르는 전쟁을 뜻해요.

> **분전**
> 있는 힘을 다해 싸우는 모습을 말해요.

고려와 후백제의 격전지

서 사람을 함부로 죽이고, 국가 운영을 엉망으로 해요. 더구나 국호를 자주 바꾸고 수도도 계속 옮겼어요. 후고구려라는 이름에서 '마진'으로, 다시 '태봉'으로 바꾸었고 수도로 개성에서 철원으로 옮겼답니다. 수도를 옮기게 되면 새로운 궁궐을 짓는 등 돈과 물자와 노동력이 많이 들잖아요? 이러한 무모한 행동을 거듭하다 왕건의 반란으로 쫓겨났답니다.

 왕건은 반란을 일으킬 생각이 없었는데 신하들이 강력하게 권했다고 해요. 사실 궁예의 폭정에 관한 기록은 후대에 쓰인 것들이 대부분이에요. 왕건이 이겼으니까 왕건은 더욱 훌륭한 사람처럼 보이게 하고, 궁예는 나쁘게 보여야 그만큼 고려 건국의 타당성이 설득력을 지니니까요. 철원 일대에 남겨진 설화를 보면 궁예에 관한 좋은 기록들이 많아요. 심지어 구미호에게 홀려서 나쁜 행동을 했다는 이야기도 있답니다. 하지만 이러한 설화에도 궁예가 잘못한 이야기들이 남겨져 있고, 나라를 세운 인물이 나라를 빼앗길 정도라면 정상적인 통치를 하지는 못했을 것 같아요. 여하간 양면으로 견훤을 협공하던 궁예가 쫓겨나면서 왕건의 고려와 견훤의 후백제가 대립하게 된답니다.

: 전쟁 없이 신라를 얻은 왕건과 후삼국 시대의 종말 :

왕건과 견훤의 리더십에는 큰 차이가 있었어요. 견훤은 궁예처럼 아무것도 없는 데서 나라를 세운 인물이기 때문에 카리스마가 강력했어요. "내 말을 들어!", "이렇게 싸우란 말이야!" 이렇게 윽박지르는 식의 리더십이었던 셈이지요. 신라에 대해서도 적대적이었어요. 궁예나 견훤은 신라에 반감을 가지고 있던 사람들과 함께 나라를 세웠잖아요? 그러니 매번 신라에 공격적일 수밖에 없었답니다. 견훤의 경우 경주에 쳐들어가서 왕을 죽이고 올 정도였으니까요.

왕건은 다른 전략을 취합니다. 신라를 우대해요. 경애왕이 견훤에 의해 죽자 직접 문안을 가기도 하고 신라를 존중하는 태도를 취해요. 견훤은 신라를 공격하고 왕건은 잘 대해주니까 신라인들의 마음이 왕건에게로 기울기 시작합니다.

신라는 자발적으로 왕건에게 나라를 바치고 맙니다. 왕건 입장에서는 전쟁을 벌이지 않고 얻은 큰 성과입니다. 신라의 경우는 허무하기 짝이 없죠. 마의태자 정도가 울면서 반발을 했을 뿐 신라가 없어지는 것에 대해 누구도 반대하지 않았거든요. 그만큼 썩고 부패했던 거예요. 신라의 최후는 너무나 비참합니다.

궁예와 견훤이 그랬듯 왕건과 견훤 역시 일진일퇴를 벌입니다. 대구 팔공산 전투에서 왕건은 목숨을 잃을 뻔했어요. 견훤의 군대가 왕건의 군대를 포위했고 절체절명의 위기였죠. 왕건의 의형제였던 신숭겸이 왕건의 옷을 대신 입고 결사대를 끌고 견훤의 부대를 다른 곳으로 유인해요. 이때 왕건은 병사 옷을 갈아입고 몰래 산을 내려와서 도망을 칩니다. 결국 신숭겸과 결사대가 대신 죽으면서 왕건이 간신히 살아나게 됩니다. 왕건과 신숭겸의 동지애가 끈끈했기 때문에 가능했던 일이겠지요? 삼국을 통일한 이후에도 왕건은 잔치를 벌일 때 신숭겸을 위한 자리를 마련해 두었다고 해요. 자신을 위해 대신 죽은 동지를 그리워하고 인정하는 모습을 보인 것이지요.

그리고 이번에는 견훤 집안에서 내분이 일어납니다. 견훤은 셋째 금강을 총애했는데 첫째 신검이 이를 질투해요. 신검에 의해 견훤이 금산사라는 절에 갇히게 되고 금강은 죽음을 당해요. 이에 격분한 견훤이 탈출하여 왕건을 찾아갑니다. 견훤은 왕건 군대의 선봉장이 되어서 자신의 아들이 이끄는 후백제군과 싸우게 됩니다. 스스로 열었던 문을 스스로 닫는다고 할까요. 이렇게 후백제가 멸망하면서 후삼국시대가 끝나게 됩니다. 왕건은 특유의 친화력과 예의 바름으로 견훤을 살뜰하게 모셨다고 해요. 하지만 견훤은 자신이 세운 나라가 어처구니 없이 멸망하게 되었으니 얼마나 속이 상했겠어요. 얼마 후 화병에 걸려 죽고 말았답니다.

고려의 탄생과 급변하는 동아시아 국제 질서

나라를
운영하는 데는
어떤 제도가 필요해요?

: 나라를 운영하는 데 필요한 제도들 :

우리나라는 5년에 한 번씩 대통령을 뽑습니다. 4년에 한 번씩은 국회의원을 뽑고, 지방자치 단체장과 지방의회 의원도 뽑아요. 18살이 넘으면 누구나 본인이 원하는 사람에게 투표할 수 있는 권리를 갖게 된답니다.

　우리나라는 대통령 중심제 국가예요. 대통령은 국회의원들이 만든 법을 집행하면서 국가를 이끌어가는 최고의 리더지요. 대통령으로 임명이 되면 우선 국무총리를 뽑고, 교육부장관, 재정경제부장관 등 여러 분야의 최고 전문가들을 장관으로 만들어서 국정을 이끌어 간답니다. 지방자치 단체장과 지방의회는 말이 너무 어렵죠? 서울시장, 경기도지사, 구청장 등은 모두 우리 동네의 살림살이를 책임지는 대표를 말하는 거랍니다. 국회의원의 경우 법을 만드는 사람들이에요. 좋은 법을 만들어서 사회 문제도 해결하고 국민들에게 여러 유익을 끼치는 일을 하는 것이지요.

대통령이나 국회의원이 일을 잘못하면 국민들은 비판도 하고, 또 대통령과 국회의원들에게 여러 가지 요구를 하기도 해요. 이러한 정치 체제를 대의민주주의라고 합니다. 대표를 뽑아서 대표가 국민들을 대신해서 국가를 운영하는 것이지요. 언제나 모든 시대에는 그 시대의 정치 제도들이 있어요. 제도들에 대한 이야기는 그다지 재미가 없지만 그래도 국가를 운영하는 핵심적인 힘이기 때문에 반드시 이해할 필요가 있답니다.

: 왕건의 고려 건국과 광종의 개혁 :

고려의 등장은 우리 역사에서 정말 중요한 사건이에요. 오늘날 우리가 우리 스스로를 '한민족'이라고 부르잖아요? 바로 고려시대에 우리가 하나의 민족이라는 생각이 정착하게 된 것이랍니다. 같은 문화를 공유하고, 같은 언어를 쓰면서, 단일한 공동체를 발전시키고 이후 조선을 통해 다시 한번 도약을 했으니까요.

고려를 세운 태조 왕건은 20살에 세상에 나와서 60살의 나이에 비로소 후삼국을 통일합니다. 40년간의 고단한 여정이었죠. 궁예의 휘하에 들어가 장군으로 활약했고 다시 궁예를 몰아내고 왕이 되었으니 반발이 보통이 아니었을 거예요. 견훤과는 목숨을 건 사투를 벌였고 간신히 승리를 거두고 나니 20살의 젊은 청년이 60살의 할아버지가 되어버린 거예요. 평생을 후삼국 통일에 바쳤다고 할 수 있어요. 왕건은 이후 2년 정도를 더 삽니다. 이 기간 동안 왕건은 북진정책을 추진해요. 청천강과 영흥만까지 진출해서 평양을 확보하게 됩니다(209쪽 지도 참고). 평양은 고조선과 고구려의 마지막 수도이자 한반도에 가장 중요한 요충지 중에 하나잖아요? 통일신라 때 잃었던 땅이 조금 더 늘어나게 되었답니다. 왕건은 고구려를 계승한다는 의미에서 국호를 고려로 지었고 북진정책을 추진했답니다. 고구려의 영토를 회복하겠다는 발상이었는데 상징적으로 평양을 장악했던 거지요. 이후 고려의 영토는 조금씩 늘어나면서 오늘날 한반도의 대부분을 차지하게 됩니다. 왕건은 훈요10조라는 유언을 남기고 죽게 돼요.

왕건이 죽고 나서 신생국가 고려는 혼란에 빠져요. 국가 시스템이 제대로 정착되지 않았고 무엇보다 호족의 힘이 너무 강했거든

훈요10조

총 10개의 당부로 이루어진 훈요10조에서 왕건은 불교 사원을 세우는 데 지켜야 할 것들, 왕위를 계승할 때의 주의사항, 중국 특히 거란을 대할 때의 주의할 점들을 당부하고 있어요. 훈요10조를 통해 고려가 불교와 유교의 정치 이념이 혼합된 나라이며, 지역이나 신분에 따라 차별이 존재했다는 것, 중국의 문화를 존중하면서도 고려만의 독자적인 문화도 중시했던 사회라는 것을 알 수 있어요!

요. 왕건의 개인적인 리더십으로 호족을 통제했는데 그가 죽고 나니 여러 호족들이 세력 겨루기에 나섰답니다. 이런 혼란이 계속되는 가운데 광종이 등장해요. 광종은 고려 국왕의 힘을 강화한 중요한 인물이에요. 왕이 되고 나서 약 7년간 광종은 아무것도 안 했어요. 신하들과 어울려 놀고 국가 운영에 별생각이 없는 것처럼 행동했어요. 그러던 어느 날 호족 세력이 방심한 틈을 타고 광종은 대대적인 개혁에 들어갑니다.

우선 관복제를 실시해요. 신하의 직급과 등급에 따라 입는 옷에 차이를 둔 거예요. 행정제도를 체계화시켰던 것이지요. 그리고 노비안검법을 실시합니다. 억울하게 노비가 되었던 사람들을 해방시켜 주는 제도였어요. 신라 말기 워낙 사회가 혼란스러웠기 때문에 호족들은 온갖 행패를 부리면서 권력을 강화했거든요. 그중에는 멀쩡한 평민을 노비로 몰아서 토지를 빼앗고 노예로 부리는 경우도 있었어요. 광종은 이렇게 억울하게 노비가 되었던 이들의 신분을 회복시켜 주었답니다. 이중의 효과가 있었어요. 민중들은 신분이 해방되니까 좋았고 호족들은 노비와 토지를 잃게 되니까 세력이 약해진 것이지요. 민중의 지지도 얻고 호족의 권력도 약화시키는 전략을 썼던 거예요.

그리고 광종은 정말 중요한 제도를 도입합니다. 우리 역사 최초로 과거제를 실시한 거예요. 시험을 뽑아서 관료를 등용하는 제도를 마련한 겁니다. 이전까지는 귀족의 아들이면 고위 관직에 오를 수 있었거든요. 신라의 경우 진골 귀족은 혈통 하나만으로 나라를 좌지우지 했으니까요. 광종은 유교 경전이나 한문학을 이해할 수

있는 능력을 바탕으로 인재 선발 기준을 마련했어요. 그리고 시험에 붙으면 정식 관료가 될 수 있었습니다. 시험을 통해 능력을 검증하고 인재를 선발하는 제도가 마련이 된 것이지요.

과거제는 중국 수나라에서 만들어져서 당나라 때 본격화된 제도예요. 고려 시대 중국은 당나라에서 송나라로 바뀌거든요. 송나라의 경우 철저하게 과거시험을 통해 인재를 선발했기 때문에 아무리 혈통이 좋아도 과거 시험에 합격하지 못하면 관료가 될 수 없었답니다. 우리나라의 경우도 광종 때 과거 제도를 받아들여서 조선 시대까지 활용했어요. 오늘날에는 시험을 통해 사람을 선발하는 제도가 일반적이지만 과거에는 그렇지 않았어요. 동아시아를 제외한 여타의 문명권에서는 혈통으로 사람을 따졌지, 학문적 능력으로 사람을 평가하지 않았거든요. 신분이 낮더라도 과거 시험을 통해 출세할 수 있는 길이 열렸던 것이지요.

물론 한계는 많았답니다. 음서라는 제도가 있어서 부모가 귀족일 경우 과거 시험을 보지 않고 관료가 되는 경우가 많았으니까요. 그리고 무엇보다 무과 시험이 없었어요. 문과 시험은 있었지만 군인들을 선발하는 시험이 없었죠. 그냥 길거리에서 힘 있는 장정을 뽑아서 군인으로 만들었고 전쟁터에서는 문관들이 무관들을 지휘하는 형태가 되었답니다. 그래서 고려 시대 때 우리가 알고 있는 유명한 장군들은 무관이 아니라 문관이에요. 귀주대첩을 통해 거란을 막은 강감찬, 여진족을 정벌한 윤관 등 모두가 무관이 아니라 문관이었답니다. 문무를 겸비한 능력을 가졌던 셈이죠. 여하간 무과 시험이 없었던 것은 이후 큰 문제가 됩니다. 문과의 경우 어렵게 시험을 보고 관료가 되는데 무과 시험이 없으니 군인이 되는 게 너무 쉬운 거예요. 문신들이 무신들을 대놓고 무시했죠. '과거 시험도 안 본 너희들은 우리와 차원이 달라.' 이런 식으로요. 이런 일이 고려 중기 때 무신의 반란으로 이어지니까 잘못된 제도가 사회에 어떤 해악을 끼치는지는 잘 생각해 봐야 할 것 같아요.

광종이 과감한 개혁을 통해 왕권을 강화시켰다면 성종은 유교적인 시스템을 도입해요. 전국에 관리를 파견해서 백성들을 다스리고 국가의 행정 조직도 체계적으로 만들었답니다. 하지만 모든 지역에 관리를 파견하지 못했고 관리의 힘도 약했어요. 지방에는 여전히 호족이나 향리 같은 강력한 세력이 있었고 중앙에는 귀족의 힘이 막강했답니다. 보다 완전한 중앙집권화는 조선 시대에 들어서 완성돼요.

: 중국의 혼란과 고려의 과제 :

고려가 왕건 이후 여러 난국을 헤쳐가면서 발전을 거듭하고 있는 동안 동아시아 정세는 또 한 번 요동치기 시작해요. 중국에서 당나라가 멸망을 하고 송나라가 들어서거든요. 당나라에서 송나라로 넘어가면서 여러 나라가 들어서는 등 수십 년 간의 혼란기가 이어지기도 합니다.

송나라는 풍요로운 나라였어요. 양쯔강 이남 지역이 개발되면서 농업 경제가 비약적으로 성장했어요. 상업도 크게 발전했죠. 과거제를 통해 능력으로 인재를 선발했고 이들이 뛰어난 정책을 집행하면서 송나라는 당나라보다 훨씬 풍요로운 나라로 발전했답니다. 워낙 경제가 발전했기 때문에 인류 역사상 최초로 지폐를 사용합니다. 동전만으로는 부족했던 것이지요. 그리고 화약, 나침반, 인쇄술 등 인류 4대 발명품 중 세 개가 모두 송나라 때 발명이 되었답니다. 화약으로 무기를 만들고, 나침반으로 바다를 항해하고, 인쇄술을 통해 지식을 전달하는 놀라운 일들이 일어났던 것이지요.

그러나 문제가 생겼어요. 경제적으로 풍요로워지기는 했지만 분배가 잘 되지 않았어요. 귀족이나 상인들이 더욱 부자가 되었고 민중들의 삶은 오히려 힘들어졌답니다. 이를 해결하려고 왕안석 같은 사람들이 개혁을 추진했지만 귀족과 상인들의 반대로 무산되었어요. 무엇보다 심각한 건 북방민족이 크게 **흥기**했다는 거예요. 거란이 요라는 나라를 세워서 만리장성 북쪽부터 만주까지를 통합합니다. 이때 발해가 멸망했어요. 거란은 중국 영토의 일부분을 차지하기도 했답니다. 여진이 세운 금나라는 거란을 멸망시키고 다시 군대를 몰아 중국의 화북 지역을 점령합니다. 만주는 물론이고 양쯔강 북쪽의 화북지대를 모조리 점령합니다. 송나라는 양쯔강 남쪽으로 내려가서 명맥을 이어가요. 이 나라를 남송이라고 합니다. 이후 몽골이 등장해서 금나라도 멸망 시키고 남송도 멸망 시킵니다.

> **흥기**
> 세력이 왕성한 시기를 말해요.

　너무 격렬하지 않아요? 수많은 강력한 민족들이 흥기를 하면서 중국 대륙을 휘젓는 상황이요. 당연히 이 여파가 고려에 고스란히 밀려들 수밖에 없었답니다. 어떻게 해야 고려가 생존할 수 있을까. 고려는 신라나 조선이 겪지 못한 새로운 국제 관계에 직면하게 됩니다.

고려의 다자외교

왜 다른 나라들과 친하게 지내야 해요?

: 주변을 내 편으로 만드는 능력이 필요한 국제 관계 :

현재 세계에서 가장 힘이 강한 나라는 미국입니다. 모든 면에서 최고의 파워를 자랑하죠. 엄청난 경제력으로 미국에 도전장을 내민 중국이라는 나라도 있어요. 과거 냉전 시기 미국의 라이벌이었던 러시아 역시 만만치 않은 나라입니다. 중국이 막강한 경제력을 자랑한다면 러시아의 경우 핵무기를 비롯하여 미국에 견주는 엄청난 군사력을 자랑해요. 이뿐만이 아니지요. 유럽에는 전통적인 강호들도 많습니다. 독일, 프랑스, 영국 등이 대표적이죠. 이 나라들은 EU 같은 유럽공동체를 만들어서 영향력을 행사해요. 일본 역시 무시할 수 없는 나라지요.

세계의 여러 나라들은 협력과 경쟁을 반복합니다. 친한 나라들끼리 동맹을 맺고 FTA(자유무역협정), APEC(아시아태평양경제협력체) 같은 국제기구나 협정을 통해서 연대해요. 국제 관계는 겉으로는 평온해 보이지만 끊임없이 경쟁하는 힘의 세계랍니다. 지금도 그렇고 과거에도 마찬가지예요. 그렇기 때문에 생존을 하려면 힘도 있어야 하고, 탁월한 외교 능력이 있어야 합니다. 주변을 내 편으로 만들고, 가급적 모두에게 이득이 가는 형태로 타협하면서 국제 평화를 이끌어 내는 지혜로움이 필요해요.

: 전쟁은 막고 영토는 늘린 서희의 담판 :

고려 전기 가장 위협적인 세력은 거란이었어요. 거란이 '요(遼)'라는 나라를 세웠고 단숨에 발해를 멸망시킵니다. 요나라의 등장은 이전까지 경험하지 못했던 새로운 국제 관계의 시작을 의미했어요. 당나라 말기 중국은 5대 10국으로 분열돼요. 수많은 나라들이 세워져 자웅을 겨룹니다. 이러한 혼란기에 요나라가 북방의 패자로 등극하면서 연운16주를 확보해요. 연운16주는 만리장성 이남의 땅이에요. 만리장성을 기준으로 남쪽 지역은 중국, 북쪽은 유목민족들의 땅이었는데 만리장성 이남의 일부 지역을 요나라가 차지했던 거예요. 송나라가 들어선 다음에도 이 문제는 해결되지 않습니다. 몇 차례 큰 전투를 치렀지만 송나라는 패배했고 요나라의 연운16주 지배를 인정하고 맙니다. 요나라와 송나라는 조약을 맺어요.

　① 요나라는 송나라를 형님의 나라로 모신다.

―― 요와 송, 고려의 관계 ――

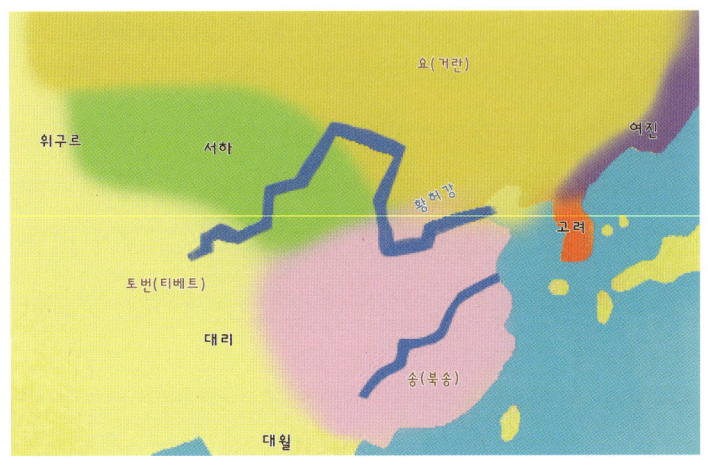

② 송나라는 요나라를 동생처럼 대하되 해마다 금과 비단을 보낸다.

묘한 내용이죠? 현실적으로 요나라의 힘이 강성했기 때문에 송나라가 세폐라고 해서 엄청난 양의 금과 비단을 바칩니다. 대신 요나라가 송나라를 형님 대접하며 '체면'을 세워 주는 거죠. 동아시아에서 두 개의 거대한 제국이 대립하는 구조가 만들어진 거랍니다.

발해가 멸망한 후 요와 고려는 대립 관계가 됩니다. 당시 고려는 송나라와 돈독한 관계를 유지했어요. 선진문물을 배워 오기도 하고 다양한 교류를 펼쳤답니다. 요나라의 입장에서는 이게 마음에 들지 않았던 거지요. 지리적으로 보았을 때 송나라와 고려 사이에 요나라가 끼어 있는 모양이니까 송과 고려의 협공이 우려가 되기도 했고요.

요나라는 세 차례에 걸쳐서 고려를 침공합니다. 신생국가 고려의 입장에서는 절체절명의 위기일 수밖에 없었어요. 993년 1차 침략 때는 소손녕이라는 장수가 군대를 끌고 옵니다. 고려 성종 때였는데 조정이 한바탕 난리가 나요. 많은 귀족들이 땅을 떼어주고 화해를 도모하자면서 문제를 적극적으로 해결하려는 자세를 취하지 않아요. '타협을 하더라도 싸우면서 우리의 기량을 보여줘야 좋은 결론에 도달할 수 있다!' 서희는 귀족들의 나약한 태도를 비판하며 방어전을 준비합니다.

보통 큰 전투를 앞두고 두 나라의 수장이나 장군들 사이에 협상 같은 걸 하잖아요? 소손녕과 서희도 마찬가지였습니다. 서희는 소손녕한테 따져 물었어요. '고려가 거란을 공격한 적이 없는데 왜 침공하는가?' 소손녕은 '요나라가 고구려를 계승하는 나라이고 따라서 고구려의 땅을 수복하러 온 것이다.'라고 주장합니다. 전쟁을 일으킨 명분이었던 거죠.

서희가 반박해요. '우리나라는 국호도 고려이고 우리야말로 고구려를 계승한 나라인데 왜 말도 안 되는 주장을 하는 것이냐.'라고요. 소손녕은 주제를 바꿉니다. '고려가 송나라와만 친하게 지내고 요나라를 적대시하기 때문에 쳐들어온 것'이라고 말이지요. 본색을 드러냈다고 보면 좋을 것 같아요. 그러니 너희 고려는 송나라와 관계를 끊고 요나라와 친하게 지내라는 것이지요.

서희는 이에 대응하여 여진족 이야기를 꺼냅니다. 만주에는 여진족이 많이 살잖아요? 발해가 망했으니 여진족들의 독자적인 활동이 클 수밖에 없었고요. '아니다! 고려가 송나라하고만 사이좋게 지낸다고 생각하는 것은 오해이다. 고려도 요나라와 관계를 개선하고 싶다. 하지만 문제가 있다. 여진족의 활동이 활발하기 때문에 실질적으로 요나라와 교류하기 어렵다. 요나라와 고려 사이 요동을 비롯한 남만주의 사정이 여의치 않기 때문에 교류하지 못하는 것이다.' 서희는 고려가 처한 부득이한 상황을 설명합니다. 이에 대해 소손녕이 뜻밖의 제안을 합니다. '그래? 그렇다면 마침 강동 6주라고 압록강 일대의 땅을 우리가 점령했는데, 이 땅을 너희 고려에게 주면 안정적으로 요나라와 교류를 할 수 있으니 강동 6주를 받고 송나라와의 관계를 끊어라.'라고요.

1차 침략의 결과는 전쟁이 아니라 합의로 끝을 맺게 됩니다. 요나라가 점령한 강동 6주의 땅을 고려가 건네받고 그 결과로 요나라와 관계를 개선하는 것으로 타협을 본 겁니다. 놀라운 사건이에요. 전쟁이 아닌 외교로 문제를 해결했고 그 결과 오히려 영토가 늘어났으니까요. 서희의 대범한 외교 능력의 성과라고 할 수 있습니다. 적이 쳐들어온 이유를 정확히 파악했기 때문에 가능했던 성과예요. 요나라가 고려를 멸망시켜 점령을 하려는 것이 아니라 오히려 고려를 자신의 편으로 끌어들이고 싶은 게 목적이니 협상이 가능하다고 판단을 한 것이죠.

: 수차례 전쟁에서도 다자외교노선을 지켜낸 고려 :

하지만 이후에 요나라는 강동 6주가 지닌 전략적 가치에 대해 뒤늦게 깨닫습니다. 고려도 송나라와의 관계를 끊지 않았고요. 그러니

천리장성과 강동 6주

땅을 다시 찾고 싶어 했죠. 요나라는 고려가 여전히 송나라와 외교를 끊지 않은 것을 문제 삼고 쳐들어옵니다.

고려의 외교적 입장은 다자외교였어요. 특정한 나라와만 친하게 지내서는 버틸 수가 없다고 판단한 겁니다. 중국의 송나라는 예전의 한나라 당나라처럼 강성하지 못했어요. 당장은 거란이 세운 요나라의 힘이 강했고, 여진족의 움직임 또한 심상치 않았어요. 몽골족 또한 세력을 규합해 가고 있었던 상황이었지요. 그렇다면 여러 나라와 좋은 관계를 유지하면서 고려를 지키는 것이 상책이라고 판단한 겁니다. 당장 요나라가 뜬다고 요나라와만 관계를 유지하면 장기적으로 다른 나라가 흥성했을 때 고려는 고립될 수밖에 없잖아요?

고려가 특별히 송나라와의 관계에 적극적이었던 것은 사실입니다. 송나라에서는 고려에게 끊임없이 연합작전을 제의합니다. 한반도를 활용한 군사작전을 펼치고 싶었던 것이지요. 송나라와 고려가 연합하여 북방민족과 싸울 수도 있고, 송나라 군대가 한반도를 경유해서 군사작전을 펼칠 수도 있고요. 고려는 이 부분에 대해서는 단호했어요. '송나라와 우호 관계를 유지하며 다양한 문물을 교류하는 것은 좋다, 하지만 한반도를 전쟁터로 만들고 싶지 않고, 송나라와의 공동 군사 작전도 할 수 없다.'라는 입장이었습니다. 송나라 역시 복잡했어요. 왕안석 같은 이들이 고려와의 연합을 강조했다면, 소식 같은 인물들은 고려를 부정적으로 보았거든요. 가장 가까운 나라마저 고려를 대하는 태도가 복잡했으니, 고려 역시 섬세한 다자외교를 펼치는 게 합리적인 태도였다고 할 수 있습니다.

그런데 요나라가 고려의 완전한 굴복, 외교적인 종속을 요구하면서 전쟁을 일으킵니다. 1010년, 1018년 고려 현종 때 요나라는 대규모의 부대를 편성해서 고려에 쳐들어옵니다. 전쟁은 그야말로 혈전이었어요. 1010년 2차 침략 때는 당대의 실력자 강조가 활약을 펼칩니다. 수차례 전투에서 요나라의 군대를 격파했어요. 하지만 이내 패배했고 수도 개경이 점령당해요. 화의를 맺은 후 이번에는 양규가 이끄는 고려 군대가 요나라 군대와 싸움을 벌여서 크게 승리를 거둡니다. 결과적으로 2차 침략은 혼전을 거듭했을 뿐 뚜렷한 결과에 이르지 못했어요. 그러다 보니 1018년 또다시 거란 군대가 침략해 옵니다. 2차 침략 당시에는 분전했지만 결국 여러 차례 패배하고 말았다면 3차 침략에서는 양상이 달랐습니다. 강감찬이 이끄는 고려군의 저항이 한층 강력했거든요. 특히 흥화진에서 쇠가죽을 이어서 물을 가두었다가 요나라 군대가 강을 건널 때 수공을 펼치면서 큰 피해를 입힙니다. 일명 귀주대첩인데 3차 침략 초반에 벌어진 일이었기 때문에 요나라 군대의 사기가 크게 꺾입니다. 강감찬을 중심으로 한 고려 군대의 강력한 저항으로 인해 큰 피해를 입고 요나라는 고려 침공을 포기하고 맙니다.

두 차례 전란에서 승리를 거두면서 고려는 강동 6주를 확실히 우리 땅으로 만듭니다. 또 있을지 모를 침공에 대비하여 천리장성도 쌓고 수도 개경에는 나성을 건설해요. 기존에도 성이 있었는데 외성을 하나 더 만들어서 방비를 튼튼하게 한 거예요. 고구려의 경우 요동 일대부터 만주까지 천리장성을 쌓았어요. 비사성부터 부여성까지를 길게 쌓았던 거예요. 이에 반해 고려는 압록강에서부터 도련포를 잇는 한반도 북부를 가로지르는 천리장성을 쌓았답니다.

하지만 요나라의 침공은 없었어요. 두 차례의 결전에서 피해를 많이 보았고 송나라부터 여진, 몽골까지 국제 관계가 복잡했으니까요. 고려의 경우 전란이 이어졌기 때문에 피해가 클 수밖에 없었습니다. 하지만 자력으로 당대 최고의 군사력을 자랑한 요나라의 군대를 물리쳤고 무엇보다 기존에 고수하고 있던 다자외교노선을 지킬 수 있었습니다. 서희가 외교력을 통해 전쟁을 피하되 영토를 늘리며 고려를 지켰다면 강조, 양규, 강감찬 등은 무력을 동원하여 외적을 막아냈던 거죠. 고구려가 수당과 싸워서 주권을 지켰듯이 고려 역시 그러한 강건한 모습을 보여주었던 겁니다.

하지만 위기는 끝나지 않아요. 이후에도 고려는 많은 전투를 치르게 됩니다. 여진과의 문제가 복잡했고 무엇보다 몽골이 흥기하면서 큰 위기를 맞게 됩니다. 고려 왕조가 약 500년을 갔는데 당시 동아시아의 국제 관계는 매우 불안했고 유독 전란이 많았습니다. 참으로 불안했던 시대였던 것이지요.

무신정변

군인이 강한 힘으로 나라를 다스리면 좋은 것 아닌가요?

: 사람도 나라도 언제나 관리가 중요한 법 :

살다 보면 다치거나 아픈 경우가 있잖아요? 코로나 사태처럼 전 세계가 전염병으로 고통을 겪을 수도 있고 교통사고처럼 자동차가 많아지면서 새롭게 발생하는 사고들도 있어요. 그런데 같은 일이 벌어져도 결과가 다른 경우가 많습니다. 코로나바이러스가 전 세계를 휩쓸었지만 우리나라의 경우 방역을 정말 잘했고 그만큼 사망자 수가 다른 나라에 비해 적었잖아요? 교통사고도 한때는 심각했지만 최근에는 많이 줄었고요. 국가가 대처를 잘하고 성숙한 시민 의식이 뒷받침해 주었기 때문에 가능했던 결과입니다. 비슷한 일이 터질 수는 있지만 그것에 대응하는 사람들의 자세에 따라 전혀 다른 결과가 나타나는 것이지요.

　사람도 그런 것 같아요. 건강 관리를 제대로 하지 않고 부주의할 때 감기에 걸리거나 어딘가에 부딪혀서 다치는 경우가 생깁니다. 스스로 얼마나 자기 관리를 잘하는가가 건강한 삶에 큰 영향을 미치지요. 역사도 마찬가지입니다. 외적의 침입이라든지 전쟁 같은 위협적인 일들이 일어날 때 국민들이 얼마나 단결했는가, 평소에 국방력은 어땠는가에 따라 전혀 다른 결말에 도달합니다. 평소에 스스로 어떻게 일상을 지켜내는지는 중요한 문제 같아요. 고려 중기 역사를 보면 바로 이 부분에서 근본적인 문제가 생기는 것을 확인할 수 있답니다.

: 인종의 세력 약화와 이자겸의 난 :

고려는 호족이 세운 나라잖아요? 이후 고려는 문벌귀족사회로 발전해요. 좋은 현상이라고 할 수 없어요. 호족끼리 결혼해서 말 그대로 소수의 귀족 가문이 등장한 거니까요. 이들끼리 개성에 모여 살면서 관직을 독점하고 나라를 좌지우지해요. 오죽하면 당시에는 '귀향형'이라는 제도가 있었어요. 문벌귀족들은 개경에서만 살았기 때문에 개경을 벗어나면 권력을 잃어버렸거든요. 그러니 귀족이 죄를 지으면 고향으로 돌려보내는 거예요. 그만큼 개경에 사는 문벌귀족들에 의해서만 나라가 운영되는 상황으로 흘러갔답니다.

　이런 현상이 쌓이면서 문제가 발생해요. 고려 인종 때 일어난 이자겸의 난(1126)과 묘청의 서경천도운동(1135)이 대표적인 사건이랍니다. 이자겸은 인주 이씨예요. 고려의 대표적인 문벌 가문이었죠. 문벌귀족들이 권력을 독점했고 인주 이씨는 대대로 권력을 향유했답니다. 이자겸 때가 되면 **세도**가 극에 달해요. 이자겸은 자신의 권력을 유지하기 위해 혼인 정책을 펼칩니다. 자신의 첫째 딸을 인종의 아버지였던 예종과 결혼시켜요. 예종이 죽고 인종이 즉위하자 이번에는 둘째 딸과 셋째 딸을 인종과 결혼시킨답니다. 이자겸이 인조의 외할아버지이자 장인어른이 된 거예요. 황당한 상황이죠. 인종은 이자겸의 **전횡**이 못마땅했어요. 이자겸이 권력을 장악하고 있었고 척준경이라는 장군이 이자겸을 따르면서 막강한 군사력을 바탕으로 위세를 부리고 있었어요. 이자겸과 척준경을 몰아내야만 하는 상황이었죠.

> **세도**
> 정치적으로 가진 세력을 마구 휘두르는 일을 말해요.

> **전횡**
> 권력을 혼자 쥐고 마음대로 하는 것을 말해요.

　인종은 이들을 몰아내려 하지만 역공을 당합니다. 인종이 볼모가 되어서 이자겸의 집에 갇혀 지냈어요. 하지만 인종은 포기하지 않아요. 가만히 살펴보니까 이자겸은 인종을 몰아내고 왕이 되고 싶어 했고 척준경의 경우에는 조금 달랐어요. 인종에 대한 죄책감, 왕에 대한 존경심이 있었죠. 인종은 볼모로 잡혀 지내면서도 척준경의 마음을 돌려놓기 위해 애를 쓴답니다.

　어느 날 이자겸의 노예들과 척준경의 노예들이 함께 나무를 하러 갔다가 다툼이 발생해요. '누구 주인이 더 힘이 세냐.'를 두고 말다툼을 벌이다가 싸움이 난 거예요. 이자겸이 이를 알고 척준경의 노예들에게만 벌을 줍니다. 척준경이 불만을 품게 되죠. 인종은 척준경 등을 이용해서 이자겸을 제거합니다. 척준경의 군대가 이자겸을 체포했고 인종이 궁으로 복귀할 수 있었어요. 인주 이씨 외에도 여러 문벌귀족이 있었고 이들이 보기에도 이자겸은 분명 지나쳤어요. 이러한 동정 여론을 활용하고 이자겸과 척준경의 사이를 갈라놓으면서 결국 인종이 승리를 거둡니다. 이후 인종은 젊은 신하들을 활용하여 척준경을 탄핵하는 데도 성공합니다. 인종과 문벌귀족의 투쟁 가운데 인종이 승리를 거둔 겁니다. 후유증은 컸어요. 그만큼 문벌귀족의 힘이 강하고 고려 국왕의 권력이 취약하다는 것이 만천하에 드러났던 사건이었으니까요.

: 묘청의 서경천도운동 :

얼마 후 이번에는 묘청의 서경천도운동 때문에 새로운 갈등이 생깁니다. 묘청은 도사였는데 서경, 즉 평양으로 천도를 해야 한다고 주장했습니다. 수도를 평양으로 옮기면 금나라가 멸망하고 주변 국가들이 모두 고려에 고개를 숙인다면서 천도 운동을 펼친 겁니다. 이에 정지상을 비롯한 신진관료들이 크게 지지하면서 영향력이 강해져요. 인종도 이에 동의합니다. 이자겸의 난을 비롯하여 개성은 문벌귀족이 지배하는 너무나 고루한 곳이라고 판단을 한 것이지요. 서경에 대화궁도 짓고 천도를 위한 기초 작업에 들어가요.

하지만 김부식을 비롯하여 개경의 문벌귀족들이 강력하게 반발합니다. 기득권이 걸린 문제잖아요? 마침 서경에 지은 대화궁에 벼

락이 떨어지고, 공사장에서 불이 나는 등 좋지 못한 징조가 생겼습니다. 개경 귀족들의 반발 가운데 약 10년 동안 갈등이 이어져요. 결국 묘청이 서경에서 반란을 일으킵니다. 하지만 정지상 같은 신진관료들은 이에 대해 몰랐기 때문에 대응하지 못했어요. 인종은 김부식에게 반란 진압을 명했고 인종의 기대와는 달리 김부식은 매우 잔혹하게 반란을 진압합니다. 서경천도운동은 끝내 실패하고 말았고요.

이 사건을 두고 역사학자 신채호는 1,000년에 한 번 일어날까 말까 한 사건이 실패로 끝났다면서 애통해했습니다. 신채호는 일제강점기 때 한국의 역사학을 만든 저명한 민족주의 역사학자였어요.

'왜 조선이 일본에 멸망 당했을까?'에 대해 고민했던 그는 **사대주의**에서 원인을 찾았습니다. 자주적이고 진취적인 기상이 있어야 하는데 조선은 명나라와 청나라를 섬기면서 그러한 기상을 잃어버렸다는 것이지요. 그리고 그러한 패배주의적인 세계관이 서경천도운동이 실패한 데서 출발한다고 보았던 겁니다.

> **사대주의**
> 힘이 강한 나라나 사람을 무조건 섬기는 태도를 말해요.

신채호의 생각에 대해서는 비판이 많아요. 묘청은 풍수지리설에 의지해서 천도를 주장한 것이거든요. 수도를 옮긴다고 해서 나라가 강해진다는 건 말이 안 되잖아요? 더구나 묘청은 무리한 행동을 많이 했어요. 개성이 지력을 잃었다는 증거로 용이 침을 뱉었다고 주장했거든요. 일부러 기름을 묻힌 떡을 예성강에 던져서 둥둥 떠오른 기름이 용의 침이라고 거짓말을 했던 거죠. 정말로 나라를 강하게 만들 수 있는 방안을 마련하면서 개혁을 준비했다기보다는 근거 없는 직관으로 주장했던 겁니다. 이에 동조했던 정지상 같은 신진 관료들도 마찬가지였어요. 김부식 같은 보수적인 관료들을 뛰어넘을 수 있는 구체적인 개혁안이 있어야 했는데 그런 것이 없었답니다.

이자겸의 난에 이어 묘청의 서경천도운동까지 정치적인 갈등이 매우 심각했어요. 그만큼 문벌귀족들의 전횡이 컸던 것이지요. 고려는 지방관을 파견해서 민중의 삶을 돌보거나 체계적인 계획을 갖고 백성을 위해 통치하지 못했어요. 고려 초기에 이런 노력들이 진척되다가 귀족들의 힘이 강해지면서 유야무야된 거예요.

: 무신정변과 함께 찾아온 혼란 :

1170년 고려는 더욱 심각한 위기를 맞이하게 됩니다. 문벌귀족들의 반란을 넘어서 무신정변이 일어났거든요. 고려는 무신에 대한 차별이 심각했어요. 과거 제도로 무신을 뽑지 않았기 때문에 문관들이 무신을 크게 무시했답니다. 대부분의 문신들이 문벌귀족 출신이라면 무신들은 평범한 집안 출신이 많았어요. 이의민 같은 인물은 부모가 소금장수와 노비였답니다.

무신에 대한 오랜 차별이 지속되다가 의종 때 보현원 행차에서 사건이 터지고 맙니다. 의종이 신하들을 데리고 보현원에 놀러 갔을 때, 여흥을 즐기기 위해 무신들에게 '수박'이라는 대결을 시켰어요. 젊은 무인들끼리 무예를 겨루는 건데 이때 한뢰라는 문신이 매우 모욕적인 아이디어를 내요. 대장군 이소응을 출전시켜 젊은 무장과 겨루게 한 거예요. 이소응은 고려 군인 전체를 관할하는 높은 직위의 장수였어요. 나이도 있으니 지략을 겸비하고 군을 통솔하는 위치에 있는 중요한 존재였죠. 그런데 젊은 문신 한뢰가 재밌게 놀고 싶어서 나이 든 노장군과 젊은 무장 간에 싸움을 시킨 거예요. 이소응은 당연히 이길 수가 없었지요. 견디다 못해 도망을 치자 한뢰가 따라가서 이소응의 따귀를 때립니다. '너 따위가 무슨 대장군이냐.'는 식으로 모욕을 주었죠.

이 사건이 결정적이었습니다. 이의방, 이고 등 젊은 장군들이 극도로 분노합니다. 당시 군 내에서는 정중부가 존경받는 지도자였습니다. 이의방, 이고 등은 정중부를 찾아가서 결단을 요구합니다. 사실 정중부도 모욕을 당했던 적이 있어요. 평소에 정중부는 수염을 멋지게 기르고 있었어요. 자태가 멋있어서 많은 사람들이 부러워했죠. 그런데 김부식의 아들 김돈중이 어느 날 불씨를 가지고 와서 갑자기 정중부의 수염을 태운 거예요. 장난이라고는 하지만 극히 모욕적인 행동이었죠. 하지만 김돈중의 아버지가 개경파 문벌귀족의 핵심이었던 김부식이었기 때문에 정중부는 참을 수밖에 없었답니다. 결국 이날 보현원에서 정중부의 주도하에 무신들의 반란이 일어납니다. 더 이상 참을 수 없었던 것이지요. 무장들은 칼을 뽑아들고 문신들을 베어 버립니다. 한뢰는 의종의 도포자락 밑으로 들어가서 숨어 있었지만 끌려 나와서 죽임을 당했고 나중에 김돈중도 처형을 당합니다. 숱한 문신들이 무신들에 의해 죽었어요.

그리고 이의방이 권력을 장악하면서 고려에는 무신정권이 들어

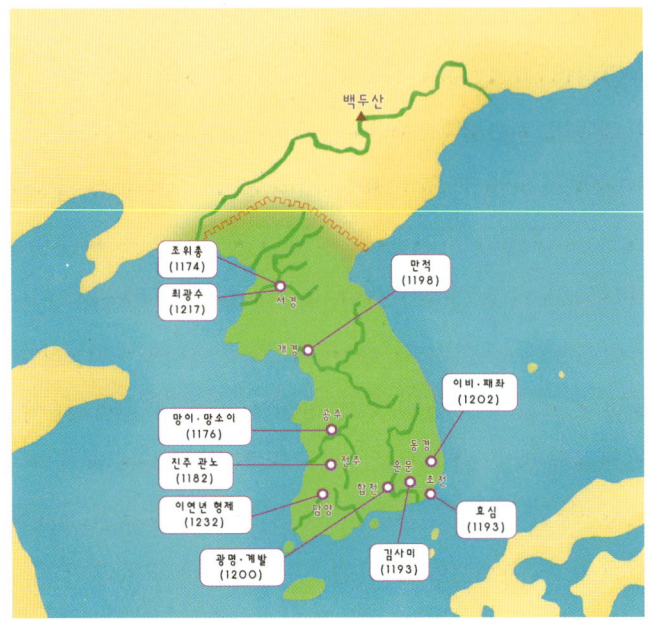

무신집권 시기에 발생한 전국의 난

서게 됩니다. 무신들이 주도하는 사회가 열린 거예요. 무신들이 권력을 잡으면서 어떤 변화가 일어났을까요? 안타깝게도 결과가 그리 좋지는 못했어요. 권력 집단이 바뀐 만큼 좋은 통치를 해야만 했는데 실상은 자기들끼리 권력다툼만 이어갔답니다. 이의방은 정중부 세력에 의해 제거돼요. 다시 정중부 세력은 경대승에 의해 쫓겨납니다. 그리고 경대승이 일찍 죽자 이번에는 이의민이 득세합니다. 그리고 최충헌이 등장해서 이의민을 몰아냅니다. 수십 년간 이런 식으로 여러 장군들이 죽고 죽

> **득세**
> 세력을 얻는 것을 말해요.

이면서 피비린내 나는 권력 싸움을 이어갔답니다. 민중 입장에서는 권력이 교체된 것이 도움이 되기는커녕 사회 혼란만 가중되었다고 할 수 있겠지요.

덕분에 이 시기에 민란도 많이 일어났어요. 충청도 지역에서는 망이와 망소이가 주도해서 난을 일으켰어요. 경상도 일대에서는 김사미와 효심의 난도 일어났죠. 최충헌의 노비였던 만적이 난을 일으키기도 했답니다. 지역에 따라서는 신라부흥운동, 고구려부흥운동 같은 활동도 벌어집니다. 권력 집단이 교체되고, 무신들의 신분이 낮다 보니 너도 나도 새로운 변화를 꿈꾸며 각종 민란이 일어났던 겁니다. 하지만 안타깝게도 단지 민란으로 끝났을 뿐 이 또한 의미 있는 결론으로는 도달하지 못합니다. 고려 중기는 그야말로 시끄럽기만 한 혼란의 시대였습니다.

거듭된 침략 속 혼란한 고려

나라가
백성을 보호하지 않으면
어떻게 돼요?

: 사회가 발전할수록 중요해지는 위기 관리 능력 :

'엎친 데 덮친 격'이라는 말이 있어요. '머피의 법칙'이라는 말도 있고요. 모두 안 좋은 일이 연속해서 생길 때 쓰는 말이랍니다. 예를 들어 깜박하고 숙제를 안 했는데 평소에 과제 검사를 안 하던 선생님이 그날따라 확인하실 수도 있죠. 학교에서 친구하고 싸워서 기분이 안 좋았는데 집에 들어와서 동생하고 또 싸우고, 마침 엄마랑 아빠가 부부싸움을 하셔서 분위기가 나쁠 수도 있고요. 늦게 일어나서 부랴부랴 준비하고 나왔는데 눈앞에서 버스가 떠난다든지, 버스를 탔는데 학생카드가 없어서 겨우 잡은 버스에서 내려야 한다든지…. 우리 일상에서는 안 좋은 일이 몰려서 일어나는 경우가 참으로 빈번합니다.

　나라도 마찬가지예요. 정치적으로 혼란스러운데 국제 정세가 급격하게 나빠질 수도 있고, 경제 위기가 도래했는데 뛰어난 지도자가 등장하지 않으면서 문제가 심각해질 수도 있습니다. 국가 경제가 파탄에 빠지면서 국민들이 살아가기 힘들어질 수 있고, 외국 군대가 쳐들어와서 우리를 지배할 수도 있어요. 심지어 나라가 멸망해 버릴 수도 있지요. 역사가 발전하면, 이런 위기들에 어떻게 대응하는지가 점점 중요해지는 것 같아요. 처음에는 석기 도구를 사용하며 작은 마을에서 살던 사람들이 시간이 흐르면서 나라를 일구고, 사회 제도를 만들고, 경제 시스템이 운영되는 등 고도로 발전하게 되잖아요. 그만큼 역사가 복잡해지고, 사람들은 복잡한 사회에서 살아갈 수밖에 없게 돼요. 이렇게 복잡해진 세상에서 살면서 사회가 위기에 처하면 개인도 그로 인해 엄청난 피해를 보게 된답니다.

: 윤관의 함경도 정벌과 동북9성 :

고려는 중기 이후 내외로 어려움을 겪게 돼요. 우선 국제 관계의 변동이 너무 심각했어요. 고려 초기에는 거란족이 세운 요나라 때문에 어려움을 겪었잖아요? 당시만 하더라도 여진족은 문제가 되지 않았어요. 지도자가 없었고 여러 부족끼리 다투었기 때문에 견제하기가 쉬웠답니다. 북진정책을 표방한 고려는 여진족이 힘을 잃은 틈을 타서 지속적으로 영토 확장을 꾀합니다. 대표적인 사건이 윤

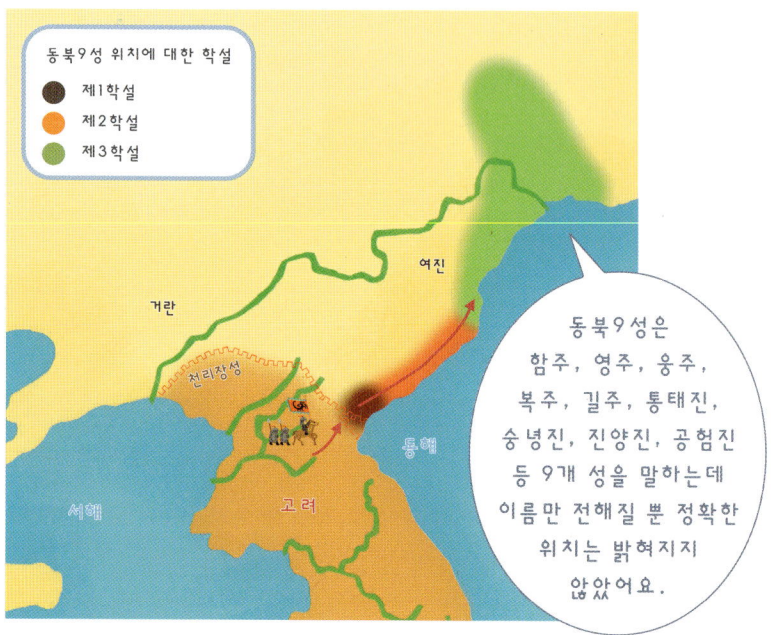

동북9성의 위치는 어디일까?

동북9성은 함주, 영주, 웅주, 복주, 길주, 통태진, 숭녕진, 진양진, 공험진 등 9개 성을 말하는데 이름만 전해질 뿐 정확한 위치는 밝혀지지 않았어요.

관의 함경도 정벌이에요. 윤관은 군대를 끌고 함경도 일대를 장악하고 있던 여진족을 몰아냅니다. 점령 지역에 9개의 성을 쌓아요. 동북9성이라고 하죠. 하지만 문제가 생깁니다. 강력한 군사력으로 여진족을 몰아내고 9개의 성을 쌓는 데는 성공했지만 실효적으로 지배하지 못해요. 여진족 입장에서는 자신들의 거주지를 잃은 거잖아요? 땅을 돌려받기 위해 계속 군대를 일으켜서 동북9성 일대를 공격해 옵니다. 고려는 체계적으로 대응하지 못했어요. 고려인들을 동북9성에 많이 보내서 살게 하고

실효적
'실제로 효과를 내는' 이라는 뜻이에요.

농사도 짓고, 군대도 주둔시키는 등 여러 노력을 했어야 했는데 그러지 못했습니다. 결국 1년여 만에 성을 돌려주고 맙니다.

: 금과 몽골의 침입과 고려의 혼란 :

바로 이때 아골타라는 영웅이 나와서 여진족을 결집합니다. 만주 일대에서 금이라는 나라를 세웠어요. 아골타는 군대를 끌고 거란족의 요나라를 멸망시켜요. 금나라는 군대를 끌고 중국으로 쳐들어갑니다. 송나라를 양자강 이남 지역으로 몰아내고 만주부터 북중국 일대를 지배하는 거대한 제국이 탄생한 거예요. 불과 수십 년 전까지만 하더라도 만주의 부족 집단에 불과했던 여진족이 단숨에 대제국을 이룬 겁니다. 금나라는 고려에 사대의 예를 요구해요. 과거에는 고려를 모셨지만 이제 금나라가 대제국이 되었으니 고려가 금나라를 섬겨야 한다고 주장한 거예요. 고려는 이를 받아들입니다. 국제 질서가 바뀌었고 당시 금나라가 강성했기 때문에 이를 인정할 수밖에 없었어요. 자존심이 상하는 일일 수는 있겠죠. 수백 년간 우리를 섬겼던 민족이 강해졌다고 태도를 바꾸어 왔으니까요. 하지만 금나라는 고려를 상대로 전쟁을 일으키기보다는 외교를 통해 관계를 개선하고자 했습니다.

> **사대**
> 약자가 강자를 섬긴다는 뜻이에요.

동아시아는 전통적으로 조공과 책봉이라는 방식으로 외교관계를 맺었어요. 중국이 만든 외교 방식이죠. 중국은 황제국가이고 주변 나라들은 오랑캐가 세웠으니까 오랑캐의 나라들이 중국을 섬겨야 한다고 생각했습니다. 형식적으로나마 중국을 높은 나라로 인정하고 존경해야 한다는 거예요. 이를 조공이라고 해요. 그렇게 하면 중국 또한 오랑캐 국가를 인정한다는 거죠. 이를 책봉이라고 합니다.

지금 보면 이해하기 힘들지만 중국을 형님으로 모시고, 오랑캐 국가가 동생 나라가 되는 방식이 당시에는 보편적인 외교 관례였답니다. 그런데 요나라, 금나라 같은 국가는 중국보다 강력했잖아요? 요나라와 금나라는 스스로를 황제국가로 추켜세우고 주변국가들에게 섬길 것을 강요했답니다. 고려의 경우 금나라의 우위를 인정하고 조공을 했답니다. 금나라 역시 고려를 침략할 생각이 없었기 때문에 두 나라는 별 탈 없이 잘 지낼 수 있었어요. 당시 금나라에 조공을 주도했던 인물이 이자겸이었답니다. 이에 반해 서경천도 운동을 이끈 묘청이나 정지상 등은 금나라를 모시는 것에 불만이 많았던 거죠. 여하간 '송나라-요나라-고려'에서 '금나라-송나라-고려'로 국제 관계가 급변했답니다.

그런데 다시 한번 커다란 변화가 일어나요. 이번에는 북방 초원의 유목민족인 몽골인들이 등장합니다. 몽골은 유목민족 중에서도 가장 약했어요. 하지만 칭키즈칸이 등장하면서 상황이 급변합니다. 칭키즈칸은 몽골족을 통일한 후 중앙아시아, 북중국, 만주 일대까지 세력을 뻗쳐 나갑니다. 몽골은 송나라와 연합하여 금나라를 멸망시켜요. 그리고 고려와 송나라를 침략해 왔답니다. 기존의 국제질서가 또 한 번 무너진 거예요. 극도로 혼란스러운 상황이 계속되었던 거에요.

: 국난에 맞서싸운 백성들 :

요나라가 침략했을 때 고려는 내부적으로 안정적이었잖아요? 서희, 강감찬 같은 인물들이 외교와 전쟁을 주도하면서 요나라를 물리칠 수 있었고요. 하지만 몽골이 침략할 당시 고려는 내부적으로 매우 혼란스러웠어요. 당시가 무신 정권기였거든요. 이의방, 정중부, 경대승, 이의민 등 지배자가 계속 바뀌었고 민란이 일어나는 등 혼란스럽기 그지없었답니다. 최종적으로 최충헌이 승리를 거두어요. 최충헌이 집권한 이후에는 최씨 집안에서 권력을 이어갑니다. 몽골의 침략 당시에는 최충헌의 아들 최우가 집권하고 있었어요. 하지만 최씨 무신정권은 내정을 개혁하거나 국정을 잘 운영하지는 못했답니다. 권력을 유지하는 데 급급했을 뿐이었죠.

최우는 삼별초를 이끌고 강화도로 피난을 갑니다. 삼별초는 최씨 무신정권의 강력한 군부대였어요. 강화도에 성을 쌓고, 핵심 군사력을 끌고 피난을 가면서 장기 항전에 대비한 겁니다. 몽골군이 유목민족이기 때문에 해전에 약하다는 것을 고려한 조치였답니다. 하지만 민중들을 위한 대비가 없었어요. 백성들이 모두 강화도로 피난할 수는 없잖아요? 백성들을 지키려면 압록강이나 대동강 같은 곳에 방어전을 펼치면서 격전을 벌였어야 했는데 그러지 않았어요. 백성들한테는 산이나 섬으로 피하라는 명령만 내렸답니다. '국가가 지켜줄 수 없으니 알아서 스스로를 지켜라.'라는 식이었어요.

몽골군은 1231년에 처음 쳐들어왔고 이후 약 30년 동안 다섯 차례나 더 쳐들어옵니다. 이 기간 동안 최씨 무신정권은 강화도를

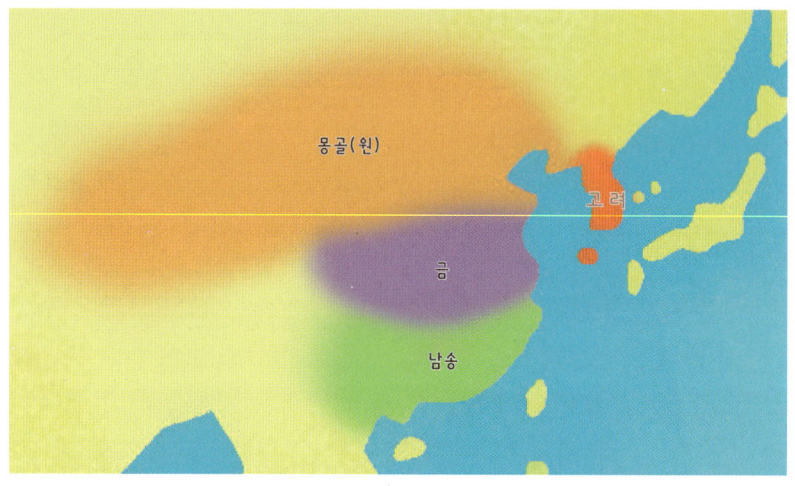

개경이 포위될 당시 몽골의 세력

지킬 뿐 적극적으로 몽골군과 맞서 싸우지 않았어요. 민중들 입장에서는 스스로를 지킬 수밖에 없었답니다. 곳곳에서 민중들의 치열한 싸움이 전개돼요. 그중에 가장 유명한 사건이 김윤후가 이끌었던 용인 처인성 전투였답니다. 김윤후는 승려였는데 활을 잘 쏘았다고 해요. 용인 일대에 사는 백성들이 처인성에 모여서 저항을 했어요. 이때 김윤후가 이끄는 소수의 병사들이 매복해 있다가 몽골군의 총사령관 살리타를 암살하는 데 성공합니다. 덕분에 몽골의 1차 침략을 막아냈습니다. 민중들의 저항은 매우 강력했답니다. 철을 생산하던 다인철소를 비롯하여 곳곳에서 몽골과 치열한 격전을 벌이면서 전투에서 승리를 거두었으니까요.

: 무신정권의 몰락과 원나라의 등장 :

이때 강화도에서는 팔만대장경이 만들어져요. 고려는 불교 국가잖아요? 부처님의 도움을 받아서 국난을 극복하려는 간절한 염원이 대장경 제작으로 이어졌던 겁니다. 몽골의 침략에 적극적으로 대처하지 않았던 최씨 무신정권은 몰락하고 맙니다. 오랫동안 전란이 이어지면서 항복 여론이 높아졌고 최우가 죽은 후 장군들 사이에서 권력 쟁탈전이 벌어지면서 자멸하고 말아요.

결국 고려는 몽골에 항복합니다. 이때 칭기즈칸의 후예 쿠빌라이칸은 송나라를 멸망시키고 원나라를 세웁니다. 북방민족이 최초로 중국 전체를 지배한 사건이에요. 만주, 중국, 중앙아시아를 아우르는 거대한 제국이 등장한 거죠. 고려는 원나라의 부마국이 됩니다. 부마국은 사위의 나라라는 뜻입니다. 고려왕들이 몽골의 공주들과 결혼하고, 몽골에 의해 간접 통치를 받는 시대가 열린 거예요. 이 시기 고려 국왕들의 이름에는 '충'자가 붙게 돼요. 충렬왕, 충선왕 식으로 이름을 썼어요. 몽골에 충성을 맹세했다고 보면 됩니다. 여러 어려움이 있었지만 강건한 기상을 유지하며 다원주의 외교를 펼쳤던 고려 입장에서는 너무나 굴욕적인 시간이었죠.

호기심과 경쟁심이 발전시킨 세상

우리처럼 작은 나라가 최고의 기술력을 자랑하는 이유는 뭐예요?

: 최고의 기술을 자랑하는 대한민국 :

에디슨, 빌 게이츠, 스티브 잡스, 일론 머스크. 한번쯤 들어 본 이름들이죠? 에디슨은 전기, 영화 등을 발명한 말 그대로 발명왕이에요. 빌 게이츠는 마이크로소프트라는 회사를 차렸고 윈도우, 엑셀 등을 개발하며 오늘날 노트북 같은 개인용 컴퓨터 시대를 열었던 인물입니다. 스티브 잡스는 스마트폰 혁명을 주도한 인물이고 일론 머스크는 테슬라라는 전기차 회사를 만들었죠. 매우 창의적인 사람들이기 때문에 이 사람들이 하는 이야기를 온 세계가 귀 기울여 듣는답니다. 그런데 따져 보면 모두 미국 사람들이에요. 미국이 세계적인 선진국이기 때문에 창의적인 인물들이 거대한 성취를 이루는

데 상대적으로 유리하답니다.

그렇다고 주눅 들 필요는 없어요. 우리나라도 세계 최초는 아니더라도 이러한 흐름에 맞추어서 엄청난 성과들을 일구고 있으니까요. 스마트폰과 반도체를 개발하거나 자동차는 물론이고 TV 같은 가전 제품도 한국 제품이 세계적이잖아요? 영화, 음악, 드라마 등 한류 콘텐츠도 확실하게 자리를 잡고 있고요. 비록 미국에서 시작했지만 우리의 방식대로 적절하게 수용해서 독자적으로 발전시킨 기술의 성과랍니다. 누군가가 가장 먼저 시작했다는 것도 중요하지만, 누군가의 생각을 잘 활용해서 새로운 이야기를 만드는 것도 중요한 일 같아요. 그런 면에서 우리나라는 매우 독보적인 모습을 보인다고 할 수 있답니다.

: 목화씨를 들여온 문익점 :

옷을 지어 입으려면 옷감이 필요하잖아요? 국왕이나 귀족의 경우 비단옷을 입었답니다. 중국에서 개발된 비단은 현재까지도 고급 직물이기 때문에 널리 사랑을 받고 있어요. 비단은 중국의 대표적인 수출품이기도 했답니다. 실크로드나 바닷길을 통해서 세계에 퍼져 나가서 각국의 국왕과 귀족들이 입었고 나중에는 비잔틴 제국 같은 곳에서 별도로 비단을 생산하기도 했어요. 우리나라의 경우도 왕과 귀족은 역시 비단으로 옷을 만들어 입었습니다. 하지만 비단으로 옷을 지어 입을 수 있는 계층은 별로 없었죠.

고려 시대까지만 하더라도 의복은 대부분 삼베로 만들어 입었어요. 비단에 비해 만들기 쉽고 값싼 작물이었으니까요. 삼베는 질감이 뻑뻑하고 거칠어요. 바람도 잘 통해서 찬바람을 막기도 어려웠고요. 그런데 13세기가 되면 중국 원나라에서 목화 생산이 본격화된답니다. 원래 목화는 기원전 4세기 정도부터 인도에서 재배되다가 10세기가 되면 송나라에서도 목화를 생산하게 돼요. 목화를 통해 만들어지는 게 면화예요. 오늘날에도 우리가 즐겨 입는 옷감이지요. 보온성이 높고, 질감이 부드럽고, 직물이 가볍기 때문에 입기에도 편하고, 더울 때는 바람이 잘 통하고, 추울 때는 온기가 보존되었어요. 삼베와 비할 바가 아니었답니다. 목화에서 추출한 천을 면, 면화, 무명 등으로 부른답니다.

고려말 사신으로 파견된 문익점은 원나라 사람들이 따뜻하게 생활하는 모습에 충격을 받았다고 해요. 그들이 입는 옷이 우리의 삼베옷과는 다르다는 사실을 알게 되었지요. 당시에 원나라는 목화씨가 외부에 유출되는 것을 엄격히 금지했답니다. 문익점은 목화씨 10여 개를 몰래 붓통에 넣어서 귀국하는 데 성공합니다. 그리고 장인이었던 정천익과 씨를 나누어서 재배에 들어가요. 처음 재배하는 작물이었기 때문에 키우기가 쉽지는 않았어요. 문익점이 심은 목화씨는 모두 죽었고 정천익이 간신히 한 그루를 재배하는 데 성공합니다. 한 그루에서 많은 씨앗을 받아서 계속 심어나갔고 주변에도 나누어 주었어요. 이를 통해 고려 말이 되면 비로소 면으로 만들어진 의복이 생산됩니다. 의류혁명이 일어난 거죠. 조선 시대에 들어서는 삼베옷이 아닌 면화로 만든 무명옷이 일반화돼요. 오늘날 우리가 알고 있는 조선 민중들의 하얀 한복이 모두 면화로 만들어진 것들이지요. 다만, 붓통에 씨앗을 숨겨 왔다는 것은 역사적 사실이 아니라고 합니다. 일종의 **야사**인 거죠. 워낙 중요한 사건이기 때문에 드라마틱한 이야기가 붙은 건데 실상 문익점이 목화씨를 반입하는

> **야사**
> 국가의 공식 기록이 아닌, 민간(民間)에서 개인적으로 기록한 역사를 말해요.

데 성공했다는 사실 말고는 당시 상황을 자세히 알 수 없답니다. 그리고 문익점이 그렇게 뛰어나고 훌륭한 관료도 아니었다고 해요. 말 그대로 호기심 때문에 목화씨를 들여온 건데 결과적으로 큰 도움이 되었기 때문에 덩달아 문익점이 위인처럼 여겨지게 되었다고 합니다. 문익점의 호기심과 목화씨 재배 시도가 좋은 영향을 미쳤다는 사실만큼은 분명하답니다.

: 혼란 중에 꽃 핀 고려 문화 :

화약도 마찬가지예요. 화약 역시 중국에서 개발되었거든요. 송나라에서는 초보적인 형태이긴 하지만 화약 무기가 제작되어서 실전에서 사용되었답니다. 생각해 보세요. 화약 무기가 있고 없고의 차이가 매우 크잖아요? 당시 무기는 화살이나 칼과 창 정도였는데 불꽃이 일면서 멀리 날아가는 신무기가 등장한 거니까요.

고려 후기에는 동해, 서해, 남해 등 온갖 곳에서 왜구의 침탈이 속출했기 때문에 이 공격을 막는 게 쉽지 않았고요. 더구나 왜구는 칼싸움을 잘했기 때문에 더욱 맞서기가 쉽지 않았어요. 어떻게 하면 왜구를 효율적으로 막을 수 있을까? 최무선을 비롯한 고려 후기

의 무장들은 화약에서 해답을 찾고자 했답니다. 화약을 만들려면 염초가 있어야 했고 그밖에 복잡한 기술적인 과정이 필요했어요. 원나라에서는 국가 기밀처럼 다루었죠. 최무선은 각고의 노력 끝에 끝내 이 기술을 알아내었답니다. 그리고 진포해전에서 화약 무기를 사용해 왜구를 물리쳤어요.

화약 무기는 조선 시대에 더욱 발전해요. 특히 여진족과의 싸움에서 대단한 힘을 발휘했습니다. 여진족을 비롯한 북방민족은 말을 잘 타잖아요? 기병이 매우 강했기 때문에 싸우기가 너무 버거웠어요. 하지만 화약 무기는 소리도 크고, 밤에도 불빛을 내며 멀리 날아가기 때문에 여진족은 당황했어요. 화약이라는 신무기로 왜구와 여진족을 압도했던 겁니다.

같은 시기 인쇄술도 크게 발전해요. 인쇄술은 고려 초기 중국 송나라에서 발명되었어요. 인류 4대 발명품으로 불릴 정도로 중요한 사건이에요. 이전까지는 사람이 직접 글을 써야만 했거든요. 하지만 인쇄술이 개발되고 나니까 한 번에 여러 개씩 복사가 가능해지고 그만큼 정보 전달이 수월해진 거예요. 문서를 쉽게 만들어내면 그만큼 정보혁명이 손쉽게 일어날 수밖에 없지요. 신문을 찍어낼 수 있고 책도 다량으로 출판할 수 있으니까요. 실제로 유럽에서는 인쇄술 때문에 종교개혁이 일어나기도 했답니다. 로마 카톨릭의 부정부패를 비판한 문서가 유통되면서 거대한 사회 변화가 일어났던 거예요.

인쇄술은 목판에서 금속활자로 발전해요. 목판 인쇄술은 나무판에 글씨를 새기는 방식이에요. 우선 화선지에 붓글씨를 쓰고 나무판에 붙여요. 그리고 글씨 부분을 제외하고는 모두 파 버립니다. 이런 방식으로 목판을 완성시켜요. 그런 후 글씨 부분에 먹을 칠한 다음에 종이를 붙여 찍어내면 여러 장의 복사본을 얻을 수 있답니다. 목판 인쇄술은 편리한 방식이지만 불편한 부분도 있었어요. 새로운 내용의 책을 만들 때마다 새로운 목판을 계속 만들어야 했으니까요.

그래서 발명된 게 금속활자랍니다. 글자를 따로따로 만들어두면 필요할 때마다 원하는 글자를 가지고 와서 문장을 만든 후에 찍어내면 훨씬 편하겠지요? 우리나라에서는 고려 시대 때 인쇄술이 크게 발전합니다. 팔만대장경 같은 경우는 목판 인쇄물이에요. 현재도 합천 해인사에 가면 어마어마한 규모의 대장경판을 구경할 수 있답니다. 고려 말 공민왕 때가 되면 금속활자가 발명돼요. 직지심체요절이라는 불교 경전이 금속활자로 만들어졌답니다. 직지심체요절은 현존하는 세계 최고의 금속활자본이에요. 안타깝게도 직지심체요절은 **구한말**에 플랑시라는 프랑스 공사가 고서적상에서 구매해서 프랑스 박물관에 기증했답니다. 세계 최초의 금속활자본인 우리 문화재가 프랑스에 있는 거예요.

> **구한말**
> 조선 말기에서 대한 제국까지의 시기를 말해요.

고려 후기 사회는 혼란스럽기는 했지만 창조적인 도전들이 이어지고 있었고 조선시대는 물론이고 심지어 오늘날에도 큰 영향을 미치고 있답니다.

: 세계 최고 수준의 도자기 상감청자 :

고려하면 상감청자가 유명하잖아요? 상감청자는 고려 무신 정권기 때 발명되었어요. 당시 동아시아에서 발명된 도자기가 세계적인 인기를 끌었답니다.

그릇은 생활에 가장 필수적인 도구잖아요? 문제는 도자기처럼 불에 강하고, 물이 새지도 않고, 가볍도 튼튼한 도구가 다른 지역에서는 만들어지지 못했어요. 고령토라는 좋은 흙이 있어야 하고 가마에서 적절한 온도로 구워야만 하는 등 복잡한 기술적 노하우가 있어야 했거든요. 중국 송나라에서는 청자를 생산하면서 세계적으로 인기를 끌었고 원나라가 되면 백자가 나옵니다. 청색에서 백색으로 취향이 바뀐 거예요. 그리고 같은 시기 고려 또한 도자기 개발에 성공합니다. 처음에는 중국을 따라서 청자를 만들었어요. 하지만 무신 정권기 때가 되면 독자적인 도자기를 만들었으니 그게 상감청자예요. 은입사기술이라고 해서 도자기 표면에 문양을 새기고 다른 흙과 안료를 써서 보다 화려하고 근사한 도자기를 만들어 냈답니다. 중국에서는 찾아볼 수 없는 새로운 기술적 성취였던 거예요.

하지만 안타깝게도 고려 후기로 가면 청자 생산 수준이 떨어집니다. 몽골의 침략 등 사회가 혼란스러워지니까 제조 기술이 약해질 수밖에 없었어요. 더구나 백자가 유행했기 때문에 청자에 대한 관심이 떨어졌답니다. 그래서 고려 말 조선 초기가 되면 분청사기가 유행해요. 백자를 생산하는 방법을 몰랐기 때문에 청자에다가

상감운학문 매병

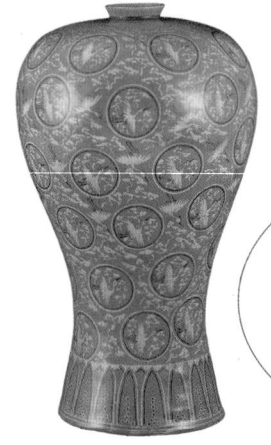

상감 기법을 이용해서 병의 표면에 학을 새겼어요. 디자인이 아름다울 뿐만 아니라 병의 만듦새와 보존상태 모두 매우 훌륭하답니다.

하얀 흙을 발라서 구웠거든요. 그러면 누런 모양의 도자기가 돼요. 청자와는 다른 스타일의 도자기가 생산이 되었던 거예요.

상감청자의 경우는 당대 세계 최고 수준의 성취였다고 평가받아요. 요즘으로 말하면 일종의 한류였던 셈이에요. 발명은 중국에서 했지만 적극적으로 기술을 수용해서 우리의 형편에 맞는 제품을 만들었고 상감청자의 경우 중국에서도 이룩하지 못한 특별한 예술적 성취를 이루었으니까요. 고려인들의 국제 감각이 대단했던 거예요. 해외의 선진 문물에 관심을 갖고 이것을 수용해서 우리에게 맞는, 그리고 세계인들이 선호하는 발명을 이루어내었으니까요.

고려의 마지막 불꽃, 공민왕

개혁은 왜 성공하기가 어려운 거예요?

: 건국과 멸망을 반복하는 역사 :

역사는 반복되는 경향이 있어요. 안정적으로 발전하며 풍요로운 삶을 누리는 시절이 있는가 하면, 혼란과 어려움을 겪으면서도 굳건히 버티는 시기가 있죠. 부정부패가 극에 달하고 사회 기강이 무너지면서 민중들이 말할 수 없는 고통을 겪는 시간 또한 있답니다. 이때가 되면 여러 개혁가들이 나와서 세상을 바꾸어 보고자 치열한 노력을 벌입니다. 개혁은 실패하기도 하고, 위대한 도전이 무너지기도 하지만 결국 세상은 보다 나은 방향으로 나아가게 되지요. 고려 말이 그랬어요. 고려를 살려보겠다고 안간힘을 썼던 위대한 인물들이 실패를 거듭했고, 고려를 없애고 새로운 나라를 세우겠다며

혁명을 추진하는 인물들도 등장했답니다.

　이런 시기에 태어나면 정말이지 너무 힘들 것 같아요. 권력자들은 부정부패를 일삼고, 민중들을 수탈하면서 온갖 나쁜 짓을 벌이니까요. 억울함을 호소할 곳도 없고, 개혁을 요구하는 많은 사람들이 실패하고 쫓겨나는 것을 봐야 하고요. 하지만 역사는 진보합니다. 빛이 어둠을 이기듯 민중은 보다 나은 세상을 염원하며 개혁가들을 응원하고, 새로운 리더들이 등장해서 역사를 바꾸어 내니까요. 고려 말이 꼭 그랬어요. 극도로 혼란스러웠고 끝내 고려는 멸망하고 말아요. 그렇지만 조선이라는 나라가 등장합니다.

: 몽골에 고개 숙인 왕실과 공민왕의 등장 :

몽골의 침략 이후 고려의 후반기는 우울한 일들의 연속이었답니다. 고려 전기에 거란족과 맞서 싸우며 북진정책을 추진하던 기상도 사라졌고 몽골이 세운 원나라의 속국이 되어 힘든 나날들을 보냈답니다. 특히 **권문세족**이 문제였어요. 이들은 원나라와 직접 인연을 맺으면서 위세를 부리던 사람들이었죠. 자기 딸을 몽골 황실의 후궁으로 만들거나, 몽골 장수의 아내로 만들면서 귀족이 되기도 했어요. 기철 일파는 여동생이 몽골의 황후가 되면서 갑자기 번성한 집안이에요. 원나라 황제가 사위이니 고려 국왕 따위는 눈에 보이지도 않았죠.

> **권문세족**
> 원나라의 권력에 기대어서 지배층이 된 사람들로, 대농장을 차지하고 농민을 못 살게 굴었어요.

몽골 관리와 친해진 후 친분을 과시하며 위세를 부리기도 했답니다. 홍다구, 홍복원 부자의 경우 몽골의 앞잡이 노릇에 열심이었어요. 몽골군대가 고려를 침략해 오자 길잡이 역할을 했어요. 그 대가로 몽골이 주는 관직을 하사받고 광대한 영토를 다스리기도 했죠. 당시 몽골에서는 다루가치라고 불렀던 관리를 고려에 파견했어요. 다루가치의 통역을 담당하거나 다루가치가 타고 다니던 말을 관리하는 말잡이 등이 이들과 친해지면서 하루아침에 권력자가 되기도 했죠. 개중에는 원나라 황실의 내시로 들어가서 출세한 인물들도 있답니다. 고용보, 박불화 같은 이들이 대표적인 예입니다. 국왕의 권위도 무시하고, 탈법과 위법행위를 하면서 온갖 나쁜 짓은 다했답니다.

사회 혼란은 극에 달해요. 권문세족은 함부로 백성들의 땅을 빼앗았고 심한 경우에는 귀족들의 땅까지 빼앗았답니다. 산과 강을 경계로 삼을 정도로 거대한 대농장을 짓고 왕과 국법을 무시하면서 권력을 휘둘렀어요. 민중들의 삶이 너무 어려웠기 때문에 백성들은 '송곳 꽂을 땅조차 없다.'며 한탄하기까지 했죠.

고려 국왕의 처지도 한심하긴 매한가지였어요. 어릴 때부터 몽골로 끌려가서 자라거나 아예 몽골에서 태어나는 경우도 많았죠. 황제가 고려의 국왕을 임명했기 때문에 왕족끼리 경쟁을 벌이기도 했습니다. 몽골에서 자랐기 때문에 고려의 어려운 형편을 모르기도 했고, 현실에 안주해서 권문세족과 어울리면서 세월을 보내기도 했답니다.

이때 등장한 국왕이 공민왕입니다. 공민왕 역시 어려서 몽골에 끌려갔고 10여 년간 충성심을 시험받으며 경쟁했습니다. 아내였던 노국공주는 몽골인이었어요. 하지만 공민왕은 나라를 살려야겠다는 개혁 의지로 충만했죠. 원나라 황실의 마음을 산 공민왕은 국왕이 되어 고려로 돌아옵니다. 이때가 1351년이었는데 마침 중국 남부에서 반란이 일어났어요. 원나라가 중국인들을 하대하며 고압적인 통치를 펼쳤고 왕실의 국가 운영 능력이 미숙했기 때문에 흔들리기 시작한 거예요.

: 공민왕의 개혁 :

공민왕은 국왕이 된 후 강력한 개혁 정책을 펼칩니다. 우선 권문세족들을 대거 숙청합니다. 기 씨 집안을 비롯하여 원나라와 혼인 관계를 맺은 집안의 지도자들을 모조리 척살했어요. 과감한 개혁안을 펼치면서 민생을 안정시키려고 노력했습니다.

공민왕은 신진사대부를 육성했어요. 고려는 국자감이라는 교육기관이 있었는데 후기에는 성균관으로 이름이 바뀝니다. 공민왕은 성균관을 순수 유교 교육기관으로 만들어요. 당시 중국에서는 성리학이 유행하고 있었답니다. 남송 시대 때 주희라는 인물이 나와서 유교의 개혁을 주장했는데 이를 신유학 혹은 성리학이라고 불렀습니다. 우리나라에서는 안향, 이재현 같은 이들이 성리학을 받아들였어요. 공민왕은 이색이라는 당시 존경받던 성리학자를 성균관 관장에 임명합니다. 그리고 이곳에서 많은 인재를 길러요. 이들을 신진사대부라고 불렀는데 정몽주, 정도전 같은 이들이 성균관에서

공민왕이 되찾은 영토

공부하며 개혁 의지를 다졌답니다.

한편 공민왕은 무력으로 쌍성총관부를 수복하고 요동 정벌을 추진합니다. 몽골이 고려를 정복한 후 동녕부, 쌍성총관부 등을 세우면서 많은 영토를 빼앗아 갔어요. 쌍성총관부는 함경도에 설치되었던 기관인데 무력으로 다시 빼앗아 온 거죠. 요동은 중국과 맞닿은 곳이기 때문에 이곳에서 군사 작전을 실시했다는 것은 원나라에 대한 무력 시위라고 할 수 있습니다.

: 외세의 공격과 개혁의 한계 :

하지만 개혁은 쉽지 않았습니다. 외부 환경이 너무 안 좋았어요. 홍건적과 왜구의 침략이 보통이 아니었거든요. 홍건적은 원나라에 반기를 든 중국인들을 말합니다. 이들에 의해 원나라가 중국에서 쫓겨나고 명나라가 세워집니다. 하지만 이들 중 일부는 원나라와의 싸움에서 일탈하여 고려를 두 차례나 쳐들어 옵니다. 10만이 넘는 대군이 쳐들어 왔기 때문에 공민왕은 수도를 버리고 안동까지 피난 가기도 했어요. 한편 왜구의 침탈 역시 극심했습니다. 배를 몇 척씩 끌고 다니면서 수십에서 수백 정도의 왜구가 해안가를 약탈하던 것을 넘어 아예 100대가 넘는 배를 끌고 수만 명의 왜구가 고려를 침공하기도 했어요. 이성계가 맞서 싸웠던 황산대첩의 경우는 1만이 넘는 왜구와 고려 군대가 전라도 방면의 지리산에서 싸웠거든요. 내륙에서 벌어진 대전투였으니 해안가를 노략질하는 수준이 아니었던 셈이죠. 고려는 홍건적과 왜구의 대규모 침탈을 막아냅니다. 하지만 전란으로 인해 공민왕이 야심차게 추진했던 개혁이 수포로 돌아가고 만답니다.

전란으로 많은 것을 잃은 공민왕은 끝내 개혁 의지를 상실해요. 공민왕은 23년간 고려를 통치했는데 초기의 7~8년을 제외하고 나머지 기간에는 대부분 향락을 일삼았답니다. 잠시 신돈을 등용하고 전민변정도감을 설치하는 등 토지 개혁을 시도했지만 이 또한 제대로 되지 못했습니다. 그럼에도 불구하고 공민왕은 외교에서만큼은 탁월한 실력을 발휘합니다. 홍건적과 왜구의 침략 앞에 굴복하지 않았고 여러 위기를 극복합니다. 또한 반원자주정책을 추진하면서 원나라와 거리를 두면서 고려의 자주권을 지켜냅니다. 하지만 이에 비해 내정개혁은 실패했기 때문에 백성들의 삶이 나아지지는 못했어요.

> **공민왕의 반원자주정책**
> ① 원나라에 기대어 날뛰고 있던 친원 세력을 숙청
> ② 고려 정치에 간섭하던 정동행성 이문소를 폐지
> ③ 변발 등의 몽골 풍속을 금지
> ④ 화주에 있던 쌍성총관부를 탈환
> ⑤ 고구려 옛 땅인 요동 지방을 되찾기 위해 노력

끝내 공민왕은 내정 개혁에 실패한 채 죽고 맙니다. 고려 후기 유일하게 개혁에 분투했던 국왕이 사라지고 말았으니 고려는 더욱 어려움에 처하게 됩니다. 공민왕의 아들은 우왕이었는데 무능하기 짝이 없었어요. 더구나 왜구의 침략이 이 시기 극에 달합니다. 다행히 최영과 이성계가 활약을 펼칩니다. 최영은 홍산대첩, 이성계는 황산대첩에서 큰 승리를 거두는 등 북방에서 내려온 홍건적, 여진족 등은 물론이고 남방에서 올라온 왜구 또한 몰아냅니다.

> **홍산대첩과 황산대첩**
>
> 홍산대첩은 1376년 백전노장의 최영 장군이 홍산에서 왜구를 크게 물리친 전투로, 이후 금강 유역에서 약탈을 일삼던 왜구들에게 최영 장군은 두려움의 대상이 돼요. 한동안 왜구의 침입이 잠잠했다가 1380년 다시 500척의 배를 몰고 금강 어귀에 나타나자 최무선의 화포를 이용해 왜선을 격파하고 배가 없어 황산으로 모여든 왜구를 끝내 물리친 전투가 바로 이성계 장군의 황산대첩이에요.

: 신진사대부들의 도전 :

그리고 신진사대부들의 도전이 본격적으로 시작되어요. 정몽주 같은 경우는 고려를 개혁하고자 했고 정도전 같은 경우는 혁명을 꿈꾸었어요. 최영이나 정몽주는 고려 사회의 부정부패를 고치면서 도약을 꿈꾸었고 이성계나 정도전은 아예 새로운 세상을 만들고 싶어 했지요.

고려는 불교 국가였잖아요? 이성계나 정도전은 성리학에 근거한 유교 국가를 꿈꾸었어요. 또한 강력한 토지 개혁을 통해 백성들의 먹고사는 문제를 해결하고자 했죠. 공민왕이 죽은 이후 이들의 대립이 심각해집니다.

우선 위화도회군을 통해 최영이 쫓겨나요. 최영은 무리하게 요동 정벌을 준비합니다. 이성계가 강력하게 반대했음에도 불구하고 이성계를 총사령관 자리에 앉혀서 강제로 요동 정벌을 시켰어요. 이성계는 압록강 앞에 있는 작은 섬 위화도에서 군대를 끌고 돌아옵니다. 반란을 일으킨 거지요. 이를 통해 최영이 쫓겨나고 이성계

위화도회군

와 정도전이 권력을 장악합니다. 이번에는 정몽주가 격렬하게 반발해요. 정몽주는 한때 이성계, 정도전과 막역하게 지내며 고려를 개혁하고자 많은 노력을 했거든요. 하지만 고려를 멸망시키고 조선을 세우는 것에 대해서는 분명히 반대합니다. 하지만 이성계의 아들 이방원이 정몽주를 암살하면서 마지막 저항은 끝내 실패합니다.

이성계와 정도전은 1391년 조선을 세우기 한 해 전에 과전법을 실시합니다. 권문세족이 불법적으로 빼앗은 토지를 대거 몰수해요. 권문세족의 토지 대장을 모두 빼앗아 와서 불태우고, 농민들에게 땅을 나누어 줍니다. 권문세족에 의해 짓눌리던 백성들이 비로소 자신들의 땅을 갖고 안정적인 경제 생활을 할 수 있게 된 것이지요.

생각해 보면 역사란 묘한 부분이 있어요. 이성계도 그렇고 정도전도 그렇고 모두 공민왕이 키운 인물들이거든요. 공민왕이 살아있을 때는 충성을 다 바쳐 개혁에 힘썼던 이들인데 공민왕이 죽자 입장을 바꾸고 혁명에 나서게 된 것이랍니다.

500년에 가깝게 발전해 온 고려. 불교 국가이지만 유교를 비롯하여 여러 종교나 사상에 관대했던 나라. 북진정책의 기상을 높이며 고구려를 계승하고자 했던 나라. 다원주의 외교를 펼치며 송, 요, 금, 원을 상대한 나라. 그 성대했던 500년의 역사가 안타깝게도 끝나고 맙니다.

사진과 그림 출처

017쪽	찍개	국립중앙박물관
	주먹도끼	국립중앙박물관
	가로날도끼	국립중앙박물관
	긁개	국립춘천박물관
	슴베찌르개	국립청주박물관
030쪽	빗살무늬토기	국립중앙박물관
032쪽	주먹도끼	국립중앙박물관
	삼각모양돌칼	국립중앙박물관
037쪽	비파형 동검	국립중앙박물관
	세형 동검	국립중앙박물관
	청동거울	국립광주박물관
	호랑이모양 띠고리	국립중앙박물관
040쪽	강화 부근리 탁자식 고인돌	문화재청
083쪽	몽촌토성	문화재청
	방이동 고분군	문화재청
	석촌동 고분군	문화재청
	풍납토성	문화재청
	경기광주 풍납리토성 청동제용두병초두	국립중앙박물관
	몽촌토성 대부라는 글씨가 새겨진 토기	한신대학교 박물관
092쪽	굽다리접시	국립중앙박물관
	스에키 토기	코치현립매장문화재센터
118쪽	장군총	동북아역사재단
119쪽	중국 지린성 광개토대왕릉비 정면	국립중앙박물관
	광개토대왕비 탑본	국립중앙박물관
120쪽	무용총 수렵도	국립중앙박물관
	무용총 무용도	국립중앙박물관
	무용총 각저도	국립중앙박물관
121쪽	무용총 접객도	국립문화재연구소
	강서대묘 현무도	국립중앙박물관
136쪽	무령왕비 발받침	국립공주박물관
	무령왕릉 나무관	국립공주박물관
160쪽	불국사 청운교 및 백운교	문화재청
161쪽	석가탑	국립문화재연구원
	다보탑	국립문화재연구원

162쪽	석굴암 내부	문화재청 故한석홍 기증 사진 자료
	본존불	문화재청 故한석홍 기증 사진 자료
179쪽	교동금관	국립경주박물관
	금 가는 고리 귀걸이	국립중앙박물관
	황남대총 금제허리띠	국립경주박물관
238쪽	상감운학문 매병	문화재청

꿈꾸는 한국사 1 |선사시대에서 고려 시대까지|
인간은 왜 집단을 이루고 나라를 세우나요?

ⓒ 심용환

초판 1쇄 인쇄 2022년 5월 16일
초판 1쇄 발행 2022년 5월 23일

지은이 심용환
펴낸이 박지혜

기획·편집 박지혜   **마케팅** 윤해승, 장동철, 윤두열   **경영지원** 황지욱
디자인 강경신   **일러스트레이션** 신나라 nardrawing@gmail.com
제작 삼조인쇄

펴낸곳 ㈜멀리깊이
출판등록 2020년 6월 1일 제406-2020-000057호
주소 03997 서울특별시 마포구 월드컵로20길 41-7, 1층
전자우편 murly@humancube.kr
편집 070-4234-3241   **마케팅** 02-2039-9463   **팩스** 02-2039-9460
인스타그램 @murly_books
페이스북 @murlybooks

ISBN 979-11-91439-13-7 74910
ISBN 979-11-91439-14-4 74910(세트)

- 이 책의 판권은 지은이와 ㈜멀리깊이에 있습니다.
   이 책 내용의 전부 또는 일부를 재사용하려면 반드시 양측의 서면 동의를 받아야 합니다.
- 잘못된 책은 구입하신 서점에서 교환해드립니다.
- ㈜멀리깊이는 ㈜휴먼큐브의 계열사입니다.

본문에 수록된 이미지는 모두 저작권 확인을 거쳐 출처 표시를 완료했습니다.
혹여 저작권 확인이 누락된 작품 또는 이미지가 있을 시, 저작권자가 확인되는 대로 통상의 사용료를 지불하도록 하겠습니다.